무기력이
무기력해지도록。

한창수 지음

무기력이
무기력해지도록.

게으름, 우울증,
번아웃의 심리학

RHK
알에이치코리아

정말 아무것도
하기 싫을 때

내 카카오톡 프로필 사진에는 벌써 수년째 코알라 한 마리가 등장한다. 유칼립투스 나무에 매달려 늘어지게 잠을 청하는 모습이다. 저러다 배가 고파지면 천천히 몸을 일으켜 나뭇잎을 뜯으러 움직일 것만 같다. 억지로 나무에서 떼어내려 하면 예민하게 성질을 내기도 하는 것이, 자꾸 보다 보면 이 코알라가 무의식 속 내 모습인 것만 같아 슬며시 미소가 번진다.

한때는 내가 코알라가 아니라 사자처럼 사는 사람이라고 생각했다. 평소에는 늘어지게 볕을 쬐다가 큰 사냥감이 나타나면 천천히 몸을 일으켜 한바탕 일하고는 다시 어슬렁어슬렁 쉬러 가는 사

자. 인턴 시절, 나는 응급실 근무 기간이 남들보다 길어서 인턴 기간 1년 중 거의 4개월을 응급실에서 보냈는데, 그 당시 쉬다가 응급 상황에 뛰어들던 습관이 나를 이렇게 사자처럼 느릿느릿 움직이는 사람으로 만들었을 거라고 종종 핑계를 대곤 했었다. 이 말에 한 친구는 이렇게 일침을 놓았다.

"그건 그냥 게으른 사람의 자기합리화 아냐?"

뜨끔한 나는 그 이후 내가 '사자'보다는 그냥 '코알라'에 더 가까운 인간이라고 인정하며 산다.

왜 자꾸 늘어지는 걸까

그런데, 2020년 봄과 함께 본격 시작된 '코로나19COVID-19의 시대'에는 기운 빠지는 양상이 좀 다르게 나타나는 것 같다는 기분이 든다.

나는 원래 규모가 큰 일을 해야 할 땐 무작정 일을 시작하기보다는 일의 우선순위를 세우고 머릿속에 대충 그림을 그린 후 움직이는 스타일이었다. 그런데 요새는 일을 통 시작하지 못하고, 손에서 놓지 않던 책도 잘 보지 않게 되어버렸다. 심지어 어린 시절부터 유모처럼 나를 돌봐주던 TV도 진득하게 보기 어려워졌다. 머

무기력이
무기력해지도록

릿속에 이런저런 생각이 가득해 무엇 하나에 집중할 수가 없다. 일단 시작만 하면 어떻게 해서든 하겠는데, 시작하는 것 자체가 잘 안 되는 것이다.

'내가 원래 게을러서 자꾸 늘어지는 건가?' '나에게도 우울 증상이 생긴 건가?' '이제 나이를 먹었으니 천천히 가라고 하는 신호인가?'

시무룩해진 나는 왜 이렇게 아무것도 하기 싫은 걸까 고민, 또 고민하게 되었다. 그런데 요즘 가만 보니, 나만 그렇게 느끼는 것 같지 않았다.

경기도의 한 고등학교에서 2020년 10월 1, 2학년 학생 579명을 대상으로 '코로나19가 학생 교육에 미치는 영향에 관한 설문조사'를 진행했는데, 전체 응답자의 60퍼센트가 '생활습관이 부정적으로 변했다'라고 답했다. '코로나19로 가장 달라진 생활습관을 선택하라'라는 설문에는 '규칙적으로 생활하지 않고 늦잠을 많이 잔다'는 답이 26.9퍼센트로 가장 많았고, '무기력하게 보내는 시간이 많아졌다(20.4퍼센트)', '인터넷 검색 및 게임으로 보내는 시간이 많아졌다(12.7퍼센트)' 등의 부정적인 답도 많았다.[1] 아무래도 선생님과 친구들을 직접 만나는 시간이 줄어들면서 무기력감이 늘어난 것으로 보였다.

한 대학 학생생활상담소에서 2021년 1월 시행한 '코로나19 상황에서 대학생활 적응을 위한 재학생 정서·심리 설문조사'에서도 응답한 대학생들의 45퍼센트가 코로나 사태로 인해 전반적인 정서적 어려움을 느끼며, 그중 '우울'과 '무기력'을 느낀다는 답변이 전체의 60퍼센트를 차지했다.[2]

직장인도 마찬가지다. 직장인들의 익명 커뮤니티 '블라인드'에서 2020년 직장인 7만여 명을 대상으로 설문 조사한 바에 따르면 응답자의 71퍼센트가 신체적·정신적 피로로 인한 무기력감과 자기 혐오, 좌절감, 분노를 주증상으로 하는 '번아웃 증후군burnout syndrome을 겪는다'라고 답했다.[3]

이런 기사들을 접하게 되면서 비로소 깨달을 수 있었다.

'아, 나도 무기력감에 빠져 있는 거구나!'

방전된 배터리를 충전하는 법

무기력감은 비교적 인생에서 자주 마주칠 수 있는 감정이다. 그런 점에서 보면 약간 위안도 된다. 잘 버티다 보면 언젠가는 이 상황이 지나갈 거라는 의미이니까.

하지만 지금 자신이 무기력한 상태에 빠져 있으면 안 되는 상황이거나, 아무것도 하기 싫은 상태가 몇 달 이상 길게 지속되고 있거나, 이렇게 버리는 시간이 너무 아깝다 싶다면, 무한정 늘어져 있거나 남을 부러워하고 원망하면서 시간을 보내는 대신 이를 해결할 방법을 찾아야 한다. 일부러 좋은 음악을 듣든 좋은 책을 보든 해서라도 내 몸의 에너지를 충전해야 한다. 내 인생에 태클 거는 사람이나 상처 주는 일이 있다면 그것을 다루는 방법도 다각도로 찾아봐야 한다.

이를 위해서는 먼저 내가 느끼는 무기력감의 원인이 무엇인지부터 파악해야 한다. 무기력감의 원인은 대부분 다음의 몇 가지로 나누어 생각해 볼 수 있다.

첫째, 체력이 부족할 때 무기력해질 수 있다. 체력은 인생을 살아가는 데 필요한 기본적인 요소 중 하나이다. 그래서 체력 소모가 유달리 많은 직업 체육인, 소방관, 경찰, 군인 들은 경기 외의 남는 시간을 주로 체력 관리에 사용해 신체의 밸런스를 유지한다. 체력을 키우려면 운동을 해야 하는데, 특히 코로나19 이후 나가서 햇볕을 쬐거나 운동하는 것마저 쉽지 않게 됐으니, 이로 인해 무기력감이 커졌다 해도 틀린 말은 아닐 것이다.

둘째, 나와 당신의 의지력이 낮아서 그런 것일 수 있다. 애초 타고난 성격이 그럴 수도 있고, 여러 가지 이유로 그렇게 변해버린 것일 수도 있다. 말 그대로 게으른 사람이 된 것이다.

셋째, 지금 하는 일에 대한 자율성이나 통제권이 없을 때도 무기력해질 수 있다. 즐거운 게임도 누가 시켜서 강제로 하게 되면 재미없게 느껴지는 게 인간의 본성 아니겠는가. 지금 하는 일 또는 공부가 너무 지루하고 싫어졌다면 그 일 또는 공부의 주도권이 누구에게 있는지 따져볼 일이다.

넷째, 미래가 예견되지 않아 무기력해진 것일 수 있다. 우리가 밤새도록 노래 연습을 하거나 그림을 그리거나 시험공부를 하는 이유는 무엇일까? 그런 일련의 노력과 힘든 과정을 거치면 언젠가는 꿈과 목표를 이룰 수 있을 거라는 기대가 있기 때문이다(여기에는 비슷한 과정을 거쳐 무언가를 성취해 본 경험이 작용할 것이다). 그런데 요새는 경제도 어렵고 취업도 어렵다. 이런 현실에서 하루하루 무언가를 하면서도 딱히 미래가 보이지 않으니 무기력감이 몰려올 수밖에 없는 것이다.

이것들이 모두 아니라면, 우울증이나 공황 장애 등의 정신건강 문제가 생긴 것일 수도 있다.

이 책 1부에서는 바로 이런 무기력감의 원인을 주로 소개한다. 2부에서는 이를 바탕으로 무기력한 상태에서 벗어나기 위한 방법을 다룬다. 마지막 3부에서는 무기력과 거리가 먼 활기찬 일상을 꾸준히 이어나가기 위해 무엇을 해야 하는지 이야기한다.

졸립거나 피곤하지 않은 몸, 맑고 또렷한 정신을 가지고서, 하루하루의 내 인생을 온전히 나의 결정에 따라 잘 보내고 싶은가?

그렇다면 이제부터 방전된 배터리를 충전하는 방법을 함께 찾아
가 보자.

끝으로, 내가 무기력의 늪에 빠져 허우적거릴 때마다 늘 내게
웃어주며 기운을 북돋아주는 아내 미연에게 감사와 사랑을 보낸다.

한창수

나는 얼마나
무기력한 상태일까?

본격적으로 이야기를 시작하기에 앞서, 먼저 자신의 무기력한 정도가 얼마나 되는지부터 점검해 보자.

'무기력'을 다룬 책이나 논문에서는 '피로' '번아웃' '우울증' 등을 무기력으로 보는 경우가 잦다. 원인이나 치료에 대한 이야기도 중복되는 편이다. 사실, 그렇다. 무기력은 정신과적인 '질환'이라기보다는 일종의 '증상'에 가까워서 피로나 번아웃, 우울증의 증상과 상당 부분 겹친다. 결국, 모든 상황에 다 적용되는 무기력 척도란 존재하지 않으므로 내 무기력 수준을 점검하는 데는 이 피로, 번아웃, 우울증 척도를 토대로 가늠해 보는 것이 유용하다.

피로

    피로의 정도는 체중, 혈압처럼 객관적인 점수로 측정하기 어렵다. 당사자의 주관적인 평가에 의존할 수밖에 없는 상황인데, 다행히 의사들이 진료 현장에서 피로감을 호소하는 환자들을 대상으로 주관적인 의견을 측정해 활용할 수 있도록 만든 척도가 있다. '피로 심각도 척도Fatigue Severity Scale, FSS'[1]라는 이름의 이 척도는 피로의 영향에 집중해 피로의 심각한 정도를 측정한다.[2]

	항목	전혀 아니다(0)	아주 그렇다(7점)
1	피로하면 의욕이 없어진다		
2	운동하면 피로해진다		
3	쉽게 피로해진다		
4	피로 때문에 신체 활동이 감소한다		
5	피로로 인해 종종 문제가 생긴다		
6	피로 때문에 지속적인 신체 활동이 어렵다		
7	피로 때문에 임무와 책임을 다하지 못한다		
8	내가 겪고 있는 가장 힘든 문제를 3개 뽑는다면 그중 하나는 피로다		
9	피로 때문에 직장, 가정, 사회 활동에 지장이 있다		

총점 36점이 넘어가면 전문가의 진료를 받아볼 것을 권한다.

피로의 지속 기간도 중요하다. 몸이 아프거나 힘든 일로 체력 소모가 심해 생긴, 1개월 미만 지속되는 피로는 '급성acute 피로'라고 한다. 이는 힘든 신체 활동 이후 발생해 대개 며칠 내에 저절로 회복되는 경우가 많다. 피로가 1개월 이상 지속되면 '지속성prolonged 피로', 6개월 이상 지속되거나 반복되면 '만성chronic 피로'라고 부른다. 자세한 검사 후에도 신체적·정신적 원인이 밝혀지지 않은 만성 피로는 '만성 피로 증후군chronic fatigue syndrome'이라 불리며 그 진단 기준(미국 질병통제센터cdc)은 다음과 같다.

	항 목
피로 증상의 조건	임상적으로 평가는 됐지만, 설명되지 않는 피로가 6개월 이상 지속 혹은 반복
	현재의 힘든 일 때문에 생긴 피로가 아님
	휴식으로 호전되지 않음
	만성 피로 증상이 발생한 이후 직업, 교육, 사회, 개인 활동이 실질적으로 감소함
피로 증상 (4개 이상 항목이 6개월 이상 지속될 것)	기억력 혹은 집중력 장애
	인후통
	목이나 겨드랑이 림프선 압통(누르면 아픈 증상)
	근육통
	다발성 관절통
	새로 생긴 두통

	잠을 자도 개운하지 않음
	운동이나 일을 하고 난 후 나타나는 심한 권태감
	만성 피로를 설명할 수 있는 신체 질환이나 기질적 원인이 분명한 경우
배제 기준 (이런 상태는 아니어야 함)	정신과적 질환인 주요 우울증, 양극성 장애, 정신분열병, 망상 장애, 치매, 신경성 식욕 부진, 대식증이 있는 경우
	만성 피로가 시작되기 2년 전부터 알코올 혹은 기타 약물 남용이 있는 경우
	심한 비만인 경우(BMI > 45)

번아웃

번아웃이란 독일의 정신분석가 허버트 프로이덴버거Herbert Freudenberger가 명명한 심리학 용어로, 최근 들어 널리 사용되고 있다. 이는 일정 기간 동안 스트레스가 지속되다가 어느 순간 장작이 다 타버린 것처럼 이겨낼 에너지가 모두 다 소진되어 버리는 현상을 말한다. 일반적인 기업에 근무하는 직장인들의 경우, 주로 다음과 같은 번아웃 증상을 경험한다.

• 감정 소진 지치고 지쳐서 마치 로봇처럼 아무 감정도 없이 '출·퇴근하는 기계'처럼 되어버린 것. 기분 좋은 일도 없고 화도 나지 않는다.

- 냉소주의 아무리 열심히 해도 잘될 리 없다며 냉소적으로 미래를 바라보는 것. 그저 매사에 심드렁할 뿐이다.
- 직무효능감 감소 일을 수행하는 나 자신에 대한 믿음, 내 능력에 대한 신뢰가 떨어지는 것. 내가 과연 이 일을 잘 해낼 수 있을까 하는 의구심이 든다.

전문직이나 서비스 분야에서 일하는 이에게서는 감정 소진 증상뿐 아니라 자신이 인간 대접을 받지 못하고 있다고 느끼는 '비인격화' 감정, 이 일을 하며 인생을 낭비하고 있다고 느끼는 '자아성취감 저하' 등이 주요 증상으로 나타난다.[3] 그 밖에도 백화점에서 일하는 판매 사원, 사회복지사나 간호사, 콜센터 직원 등도 번아웃을 경험하곤 하는데, 각 직업마다 하는 일이 다르다 보니 증상은 조금씩 다른 양상으로 나타난다.

다음은 한국산업안전관리공단에서 제작한 '번아웃 간이 테스트'다. 이 테스트의 총점이 65점 이상이면 번아웃 증후군을 의심해 보아야 한다. 보다 자세한 분석이나 연구를 해보고 싶다면 각 직종별로 개발된 번아웃 척도를 이용할 것을 권한다. '매슬랙 번아웃 척도Maslach Burnout Inventory'가 대표적이지만[4], 선생님 번아웃 척도, 초등학생 번아웃 척도 등도 존재하니 목적에 맞게 사용하는 것이 좋겠다.

무기력이
무기력해지도록

	항목	전혀 아니다	약간 그렇다	그렇다	많이 그렇다	매우 그렇다
1	쉽게 피로를 느낀다	1	2	3	4	5
2	하루가 끝나면 녹초가 된다	1	2	3	4	5
3	아파 보인다는 말을 자주 듣는다	1	2	3	4	5
4	일이 재미없다	1	2	3	4	5
5	점점 냉소적으로 변하고 있다	1	2	3	4	5
6	이유 없이 슬프다	1	2	3	4	5
7	물건을 잘 잃어버린다	1	2	3	4	5
8	짜증이 늘었다	1	2	3	4	5
9	화를 참을 수 없다	1	2	3	4	5
10	주변 사람들에게 실망감을 느낀다	1	2	3	4	5
11	혼자 지내는 시간이 많아졌다	1	2	3	4	5
12	여가 생활을 즐기지 못한다	1	2	3	4	5
13	만성 피로, 두통, 소화불량이 늘었다	1	2	3	4	5
14	자주 한계를 느낀다	1	2	3	4	5
15	대체로 모든 일에 의욕이 없다	1	2	3	4	5
16	유머 감각이 사라졌다	1	2	3	4	5
17	사람들과 대화 나누기가 힘들다	1	2	3	4	5

특히, 번아웃의 초기 증상은 우울감, 의욕 저하, 생각 속도가 현저히 느려짐 등이다. 또 울적함, 두통, 어지럼증 등 자율신경계 증상이 나타나며 심한 무기력감을 느끼는 경우가 많아서, 증상의 원인을 다른 질병으로 오해할 가능성이 크다. 단순히 기력이 저하됐다고 생각해 보약 등 각종 영양제를 잔뜩 사놓고 나서야 번아웃 증상을 의심하기도 한다.

우울증

우울증은 번아웃과 비슷한 증상을 보인다. '우울함' '인생의 의미가 없다는 느낌' 외에 '비관적인 사고' '불면(또는 과수면)' '식욕 부진(또는 식욕 과다)' '신경성 두통' 등의 증상이 2주 이상 지속되면 우울증으로 진단한다. 우울증의 증상은 다양한데, 그중 가장 대표적인 '멜랑콜리아 우울증'은 무기력감과 기력 저하, 늘어짐 등의 증상을 주로 보인다. 번아웃은 그 원인이 대개 업무나 학업에 있는 경우가 많아서 '자기를 탓하며 누군가에게 분노' '죄책감보다는 절망감' '칭찬과 인정에 대한 허기' 등의 증상을 호소하는데, 이것이 우울증과 구분되는 지점이다(사실, 우울증과 번아웃의 증상은 서로 겹치는 부분이 많아서, 병원에서 진단서를 받으려고 하면 대부분 우울증 진

무기력이
무기력해지도록

단서를 끊어주곤 한다).

우울증을 측정하는 도구로는 국가검진과 국가건강영양조사, 전 세계 지역사회 연구 등에서 가장 많이 사용하는 '환자우울설문PHQ-9' 이 있다.

	환자우울설문(PHQ-9)	전혀 아니다	여러 날 동안	1주일 이상	거의 매일
1	일하는 것에 대한 흥미나 재미가 거의 없음	0	1	2	3
2	가라앉은 느낌, 우울감 혹은 절망감	0	1	2	3
3	잠들기 어렵거나 자꾸 깨어남 혹은 너무 많이 잠	0	1	2	3
4	피곤함, 기력 저하	0	1	2	3
5	식욕 저하 혹은 과식	0	1	2	3
6	내가 나쁜 사람이라는 느낌, 자신이 실패자라는 느낌 혹은 나 때문에 자신과 가족이 불행해졌다는 느낌	0	1	2	3
7	신문을 읽거나 TV를 볼 때 집중하기 어려움	0	1	2	3
8	남들이 알아챌 정도로 거동이나 말이 느림. 또는 너무 초조하고 안절부절못해서 평소보다 많이 돌아다니고 서성거림	0	1	2	3
9	차라리 죽는 게 낫겠다는 등의 생각 혹은 스스로를 해하는 생각들	0	1	2	3

총점 5점이 넘는다면 우울증 가능성을 의심하고, 10점이 넘으면 전문가와 꼭 상담하길 권유한다.[5]

무기력이
무기력해지도록

차례

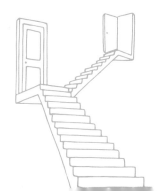

1부   나는 왜 무기력한가

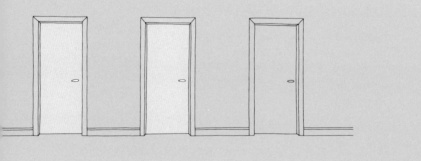

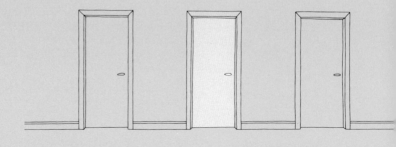

"너무 우울해서 누워 있고만 싶어요."

"아침이면 몸이 천근만근이어서 일어날 수가 없어요."

"세상에 내 편 하나 없는 것 같아 서럽고 아무것도 못 하겠어요."

이런 말을 하는 이들은 모두 저마다의 이유로 무기력감을 느끼고 있는 것이다. 무기력은 일종의 증상이기 때문에 그 원인을 한 가지로 볼 수 없다. 그런데 시중에 나와 있는 관련 도서나 자료를 살펴보면 대부분 그 원인을 입체적으로 살피지 못하고 어느 한 가지에만 집중하면서 그에 따른 해법만을 제시하는 경우가 많다. 그렇지 않으면 오직 자기 자신의 사례만을 중심으로 이야기를 풀어가는데, 이는 공감은 주지만 전문성 면에서는 아쉬울 수밖에 없다. 이런 자료만 봐서는 지금 나의 무기력한 상태에 꼭 맞는 원인과 해법을 찾지 못할 가능성이 큰 것이다.

이런 아쉬움을 해소하기 위해, 1부에서는 무기력을 그 원인에 따라 '정신적 무기력' '감정적 무기력' '신체적 무기력' 세 가지로 나누어 좀 더 다각도로 살펴보려고 한다. 지긋지긋한 무기력에서 탈출하기 위한 첫걸음은, 이 가운데 자신이 어디에 해당하는지 잘 따져보는 것에서 떼어야 할 것이다.

1장 ___
무기력은 감정이다。

자존감은
에너지를 만든다

"자존감 이야기 좀 그만해. 지겹다 지겨워."

요새 이렇게 말하는 이들이 많다. 불안감을 다스리는 데도, 인간관계를 회복하는 데도, 산만성을 극복하는 데도 모두 자존감이 필요하다고 하니, 자존감이 무슨 만병통치약인가 하는 아니꼬운 생각이 드는 모양이다.

그런데, 미안하지만 무기력을 이야기할 때도 자존감은 빼놓을 수 없는 주제 중 하나다. 자존감이 낮을수록 에너지 레벨도 내려가 무기력증에 잠식될 가능성이 크기 때문이다.

차가운 엄마에게서 자란 아이

C는 최근 회사에서 실적을 인정받아 나이에 비해 빠르게 팀장으로 승진했다. 워낙 일도 열심히 하고 싹싹하단 평을 받아온 터였기에 다들 축하해 주는 분위기였다. 따뜻하고 다정다감한 연인도 잘됐다며 진심으로 축하해 주었다. 이제 열심히 일하는 것만 남았다 싶었다.

그런데 C는 왠지 마음이 불편했다. 밤에 잠도 잘 오지 않았다. 자신이 하지 말아야 할 일을 맡은 것만 같았다. 아침에는 생전 처음 늦잠까지 자고, 일 진행도 전보다 느려졌다. '번아웃이 온 건가' 하는 생각마저 들었다.

"아무래도 집중력이 떨어져서 그런 것 같아요."

클리닉에서 만난 C는 갑자기 어떤 사안에 대해 판단을 내리고 팀원들에게 일을 분배해 줘야 하는 업무가 많아지면서 불안감이 커졌다고 했다. 그러면서, 집중력 강화를 위해 무언가를 해야 할 것 같다고 했다. 그렇게 차분히 증상에 관한 이야기를 나누던 도중, 나는 C가 흘리듯 던진 지나가는 말에서 무언가 실마리를 발견할 수 있었다.

"승진했다고 가족들도 많이 축하해 주지 않았어요?"

"네… 뭐 그렇죠. 동생은 정말 저만큼이나 좋아하더라고요. 엄

무기력이
무기력해지도록

마한텐 좀 그래서 아예 말을 안 했고."

C는 대체 왜 엄마에게 승진했다는 이야기를 하지 않았을까? 나는 C에게 어린 시절부터 자라온 이야기를 들려달라고 했다.

삼남매 중 둘째인 C는 돈 문제, 여자 문제로 자주 부부싸움을 하던 부모님 눈치를 보며, 그저 조용히 제 할 일을 하는 성실한 아이였다. 엄마는 화가 많은 스타일로, 자식들 앞에서 남편 욕을 자주 해댔다. C를 유독 차별 대우하는 일은 없었지만, C의 엄마는 원래 정이 많지 않은 편이었다. 반에서 1등을 하거나 피아노 경연에서 우승해 메달을 타와도 칭찬받은 기억이 없었다. 엄마는 언제나 그저 심드렁했다. 본인도 어린 시절 피아노를 배우고 싶었다고 할 뿐이었다.

학교를 졸업하고 (지금도 다니는) 꽤 괜찮은 회사에 입사했을 때에도 엄마는 "왜 더 좋은 회사에 가지 않은 거냐"고 따져 묻기만 했다. 이제, 나이를 많이 먹은 엄마는 C를 볼 때마다 여기가 아프다, 저기가 아프다, 같은 소리만 한다. 옆집 아들은 아주 잘돼서 미국에 갔다는 이야기와 함께.

C는 '차가운 엄마' 밑에서 칭찬받지 않고 큰 착한 딸이었다. 어릴 땐 그 엄마에게 잘 보이려고 그저 무엇이든 열심히 하고 좋은 결과가 있으면 즉시 가서 말씀드리고 했는데, 이제 나이를 좀 먹고 보니 팀장 된 것도 알려 봐야 엄마가 그리 좋아할 것 같지 않다는

느낌을 무의식적으로 받은 것이다. 칭찬받을 만한 일을 알려도 늘 심드렁하고 까칠했던 엄마에게 길들여진 탓에, C는 좋은 일이 생겼는데도 이게 좋은 일인지, 내가 잘한 것인지 잘 알지 못하고, 오히려 "앞으로 뭘 더 해야 하나" 하면서 불안에 휩싸였다. 이렇게 '의미 없음'과 '불안감'을 느끼면 미래를 위해 무언가를 할 이유가 없다는 생각이 들면서 기운이 쭉 빠지고 만다.

자존감에 영향을 주는 것들

자존감이란 말 그대로 자기 스스로 품위를 지키고 나를 존중하는 마음이다. 이는 '자존심'이라는 말과는 그 의미가 사뭇 다르다. C는 자존심은 결코 낮지 않았지만, 차가운 엄마로 인해 자존감은 무척 낮은 상태였다.

자존감의 주요 요소는 크게 세 가지이다. '자기효능감self-efficacy' '자기조절감self-regulation' '자기안전감self-safety.' 자기효능감이란 내 능력과 과거 업적에 대한 자부심이기도 하고, 맡은 일을 해낼 수 있다는 자신감이기도 하다. 즉, 자기 능력에 대한 믿음인 것이다. 자기조절감은 스트레스 상황에서 내 감정과 충동을 자제하고 조절하는 능력이다. 어쩌면 가장 중요한 요소가 자기안전감일 수 있는데, 이는 누가 뭐라고 하든 주변의 칭찬에 의존하지 않고도 버틸 수 있는, 혼자 있어도 잘 지낼 수 있는 능력이기 때문이다.

내 삶에 떳떳한 사람은 자존감이 높다. 자존감은 내가 과거에 이룬 것과 지금 기울이는 노력에 근거한 나 자신에 대한 믿음이라고 할 수 있다. 그렇다 보니, 자존감 높은 이들은 쉽게 포기하지 않는다. 일이라는 게 한 번에 되기도 하지만, 몇 차례 시도해야 성공한다는 걸 잘 안다. 같은 이유로, 이들은 타인에게 크게 기대하지 않는다. 타인에게 의지하고 실망하기보다 내 할 일, 내 삶에 충실하려 한다. 내 계획 안에서 움직이기 때문에 실패한 것을 부끄러워하거나 자책하지도 않는다. 실패할까 봐 불안해하거나 떨지도 않는다. 혹시 실패하면 지금 수준에 맞춰 계획을 수정하고 다시 시도하면 된다고 여긴다.

국내 한 연구에서는 성인의 자존감에 영향을 주는 실질적인 요인을 분석했다. 그 결과는 아래와 같았다.[1]

- 자신 및 타인의 인정
- 부모의 인정
- 국가에 대한 자부심
- 사회의 인정
- 배우자의 인정
- 인기
- 신체적 매력과 외모
- 자녀에 대한 만족
- 자신의 성취
- 경제력
- 사회 봉사

자존감을 높게 유지하는 데 자신과 가족을 포함한 주변의 인정뿐 아니라 자녀나 경제적 부분, 외모에 대한 만족감이 필요하다는 사실은, 결국 타고난 부분이나 물적인 요소도 무시할 수 없다는 점을 보여준다. 좀 씁쓸하지만, 무척 현실적인 결과가 아닌가 싶다.

그러나 실망하기엔 이르다. 좀 더 살펴보면 능력이나 외모, 경제력 같은 외적 요소가 전부는 아님을 알 수 있다. 오히려 외적 요소는 절대적인 것이 아니며, '자기 자신을 스스로 어떤 감정으로 받아들이는가'라고 하는 자기수용의 정도가 자존감 유지에 중요하다고 할 수 있다.[2]

자존감 높은 사람, 자존감 높은 리더

물론 '자기수용'이라는 것이 누군가에게는 더 어려운 일일 수 있다. 자기 자신을 긍정적으로 바라보아야 한다는 것인데, C처럼 어려서부터 가장 인정받고 싶은 대상에게서 인정받지 못하고 커온 사람의 경우에는 대체로 자기 像이 일그러져 있을 가능성이 크다.

그러나 언제까지 자신의 낮은 자존감을 어린 시절과 엄마의 탓으로만 돌릴 수는 없는 일이다. 사춘기 이후 성인의 삶을 살면서부

무기력이
무기력해지도록

터는 자기 자존감에 대한 책임을 스스로 질 수 있어야 한다. 자존감이 낮아서 생기는 여러 가지 자신의 문제를 해결하기 위해, 스스로 방법을 찾아야 한다는 뜻이다.

무엇부터 해야 할까?

가장 먼저, 내 강점과 내가 잘하는 것에 집중해야 한다. 우리는 자신이 관심 갖고 있는 것에 대해서만큼은 누구보다도 잘 알고 경험도 많을 수 있다. 그 부분에 몰입해 좋은 성과를 낸다면 자존감 또한 자연히 올라갈 것이다.

그다음, 실현 가능한 계획을 세워야 한다. 부모나 직장상사가 원한다고 해서 그 모든 걸 다 해내려고 노력하지 마라. 하고 싶지 않거나 내 능력에 넘치는 것을 억지로 하려다 보면, 제대로 해내지 못해 실망하고 자책하게 된다. 결국 자존감이 바닥을 치면서 무기력해지고 만다.

이런 일이 없으려면, 쉬운 일부터 시작하라. 지금 현재의 모습과 준비 정도에 따라 내가 할 수 있는 것, 확실히 해낼 수 있는 작은 일을 가장 먼저 하는 게 좋다. 작은 성공 경험은 다음 시도를 좀 더 편한 마음으로 할 수 있게 해줄 것이다.

마지막으로, 기운이 없어 움직이기 힘들어도 일단 움직여라. 움직이는 것은 무엇보다 중요하다. 무기력과 우울증에서 벗어난다는 것은 자존감과 자기 인식이 호전된다는 뜻이다. 하지만 여기까지

가는 데는 시간이 걸린다. 적어도 초기 단계에는 부정적 사고방식에서 벗어나 자기효능감과 자신감을 북돋기 위해 간단하게라도 '신체적 활동'을 시작하는 것이 더 중요하다.[3]

C에게는 이와 같은 조언들과 함께 한 가지 더 중요한 이야기를 건넸다. 새롭게 팀장이 되고 나서 갈피를 잡지 못하는 C에게 행동과학에서 이야기하는 리더십의 원천에 대해 설명해 주었다.[4] 이 역시도 자존감과 직결되는 이야기임은 물론이다.

○ **강압** coercive power

군인 대장, 치프 전공의, 팀장, 두목, 일진 등의 '계급장'을 내세워 무언가를 강요하는 행위. '조직'의 이름으로 구성원이 하고 싶어 하지 않는 일을 강요하는 것도 마찬가지.

○ **보상** reward power

인센티브나 칭찬, 승진 등으로 아랫사람을 유혹해 나를 따르게 하는 것.

○ **적법성** legitimate power

대개 강압과 보상을 동반하는데, '완장 효과'처럼 내가 팀장이고 대장이니까 따르라고 하는 것. 조직에서 정한 규칙을 내세워 지시를 내리는 형태로 나타난다.

○ **전문성** expert power

전문 지식과 기술 우위로 무장해 아랫사람을 다스리려고 하는 것. 리더라면 전문성의 우위를 반드시 유지해야 한다.

○ **매력** referent power

출중한 외모나 언변, 사람 좋은 모습으로 사람들을 끌어당기는 것으로, 카리스마라고도 할 수 있다. 매력을 무기로 삼아 능력 있는 사람들을 부리는 것이다.

자존감이 충분한 리더는 '강압'과 '적법성', 즉 완장과 계급장에 의존하거나, 인센티브나 승진 같은 '보상'에 의존해 부하직원을 조종하려 하지 않는다. '전문성'과 '매력'이 있으면 더 좋겠지만, 그런 부분이 부족하다 해도 솔직함을 기본으로 주변 사람을 존중하고 또 그들에게 존중받으며, 미래에 대한 비전을 보여주고 구성원들과 그 미래를 공유한다. 또, 진실하고 겸손한 모습을 바탕으로 구성원에게 일을 잘 맡기고, 의사소통과 자기 파악을 잘 한다. 타인에게 배우는 능력이 있어 변화에도 잘 적응한다. 이것이 바로 자존감 높은 리더의 특징이다.

C와는 오랜 대화를 나누며 어린 시절의 기억에서 벗어나 좀 더 단단한 자존감을 지닌 어른으로 성장해 가야 한다는 결론에 이를 수 있었다. 이런 근본적인 문제가 해결되어야만 현재 그를 괴롭히는 표면적인 증상, 즉 무기력에서 벗어날 수 있을 것이다. 나아가 팀원들에게도 좋은 리더가 되어줄 수 있을 것이다.

무기력이
무기력해지도록

'공감 피로'를
아시나요

무기력은 쉽사리 전염된다. 무기력뿐 아니라 무기력을 부르는 대부분의 부정적인 감정 역시 사람들에게 큰 영향을 끼친다. 당장 주변을 잠깐만 둘러봐도 어렵지 않게 이해될 이야기이다.

혹시 주변에 "힘들다" "○○ 때문에 죽고 싶다" "되는 일이 하나도 없다" 같은 이야기를 늘 입에 달고 사는 사람, 없는가? 아마 한 명쯤 떠오르는 사람이 있을 것이다(당신 자신일 수도 있다!). 처음 한두 번은 괜찮지만, 만날 때마다 이런 이야기를 꺼내는 사람은 왠지 피하고 싶게 마련이다. 공감해 주느라고 이들의 부정적인 이야기를 한참 들어주다 보면 왠지 내 기분까지 나빠지고 기운이 쭉 빠지는 것만 같다. 같이 손잡고 무기력의 늪으로 빠져드는 느낌이랄까. 실제로, 이런 정서적인 피로를 일컫는 '공감 피로'라는 말이 종종 사용되고 있다.

공감도 좋지만, 피로는 곤란해

'공감empathy'이란 상대의 고통과 슬픈 감정을 마치 내가 경험한 것처럼 느끼는 것을 말한다. 즉, 다른 사람의 마음이나 생각에 깊숙이 들어가서 그의 상황과 심정을 이해하는 것으로, '감정 이입'이라는 말과도 혼용되는 경우가 많다. "그 사람의 신발을 신고 1마일을 걸어보기 전에는 그 사람을 비판하지 말라"고 한 인디언 속담은 상대의 입장과 어려움을 이해해야 한다는 뜻의 '공감'에 대해 말하는 것이라 할 수 있다.

그런데 이런 공감이 지나치면 '공감 피로'에까지 이를 수 있어 조심해야 한다. 특히 의사, 간호사 등 의료진의 경우, 공감의 선을 잘 지키는 것이 필수적이다. 진료 과정에서 공감이 지나쳐 섣부른 동정심을 갖게 되면 감정에 휘둘릴 수 있다. 그렇게 되면 본인도 힘들어질뿐더러 다른 많은 아픈 이들에게 오히려 해를 끼칠 수도 있기 때문이다. 의료진은 환자의 아픔을 잘 이해하되, 그에 따라

무기력이
무기력해지도록

적절하고 합리적인 도움을 줄 수 있는 판단과 행동을 해야 하는 것이다.

그러나, 실제로는 아픈 이들을 돕다가 환자들의 아픔에 동화되어 함께 상처받는 의사, 간호사 들이 적지 않다. 알려지지 않았지만, 2014년 세월호 사고로 많은 이들이 희생된 직후, 생존한 학생들의 입원 치료를 담당했던 병원에서는 며칠간 그 학생들을 돌보며 의사, 간호사 들이 근무 중 숨어서 울거나 실신하는 일이 여러 차례 있었다. 이전에도 수많은 중환자들을 돌보던 그들이 그렇게까지 고통스러워했던 것은 단순한 육체적 피로 때문만은 아니었을 것이다. 아마도 안쓰러운 마음과 분노로 인해 더 큰 상처를 입었을 것이다.

이렇듯, 공감 피로는 의료진이 환자와 공감적 관계를 형성하느라 더 많은 에너지를 환자 간호에 투자할 때 주로 나타나는 편이다. 연구에 따르면, 치매 환자를 돌보는 간호사나 간병인 들은 치매 환자의 공격적인 문제 행동으로 인해 돌봄 스트레스와 우울감, 고통과 같은 감정을 경험하게 되는데, 이로 인해 공감 피로의 위험성이 높아진다고 한다. 피로감, 정서적 무기력함, 사회적인 위축감을 느끼고 열정과 희망 같은 감정에 무뎌지는 등 신체적·정서적 문제가 생겨날 뿐만 아니라, 대인관계에서도 문제가 발생하는 것이다.

이 연구에서는 치매 환자를 간호하는 이들에게 나타나는 공감 피로의 선행 요인으로 다음과 같은 점을 들고 있다.

- 간호하는 기간이 장기화하며, 환자와 감정적 애착이 생김
- 환자의 마음과 상황에 공감하게 됨
- 환자의 증상이 악화되어 자신에 대한 의존이 심해짐

이런 요인들에 의해 치매 간호인에게서 공감 피로가 두드러지게 나타나는 것이다. 그 결과 기력이 소진되면서 직무 스트레스가 심해진다. 역할에 갈등이 생겨 '내가 지금 뭘 하는 거지?' 하는 생각이 자주 들게 되고, 우울감도 증가한다. 결과적으로, 업무 만족도와 몰입도가 떨어지면서, 감정적으로도 멍한 무기력 상태가 나타나게 된다.[5]

정신건강 전문의나 심리 상담가 들도 마찬가지다. 여러 명의 내담자와 대화를 나누고 공감하기 위한 노력을 기울이다 보면, 어느 순간 감정이 모두 소진되는 것 같은 느낌을 받을 때가 많다. 학생 중에도 학교에서 힘들다는 친구의 고민 상담을 해주다가 막상 집에 오면 기운이 쭉 빠져 부모님에게 짜증을 내게 된다고 이야기하는 친구들이 많다. 직장인은 또 어떤가. 동료나 선·후배의 이야기를 듣고 공감해 주는 일이 잦고 이를 당연하게 받아들이지만, 사실

이렇게 누군가의 이야기를 듣고 그 감정에 튜닝하는 것은 집중력과 감정 에너지를 상당히 소진시키는 일이다. 그렇기 때문에 밖에서는 그리 친절하던 사람이 집에 오면 말 없고 무뚝뚝해지는 경우가 많은 것이다.

그러고 보면 공감 피로는 '감정 노동'이나 '번아웃'과도 비슷한 것 같다. 실제로 이 말들을 혼용하는 경우가 더러 있는데, 공감 피로는 성격이 좀 다르다. 감정 노동은 직장에서 노동자가 업무를 잘해내기 위해 자기 감정을 억제하거나 조절하는 과정에서 발생하는 현상이며,[6] 번아웃은 업무 환경과 업무 그 자체에 정서적으로 완전히 지치는 것을 의미한다. 그래서 감정 노동은 인격적으로 망가진 것 같은 느낌, 번아웃은 업무 성취도 저하 등이 그 결과로 나타나게 된다. 이와 달리, 공감 피로의 결과는 정서적 탈진과 무감동 상태라 할 수 있다.

공감은 해주되, 나는 지키는 법

공감이 지나쳐 결국 무기력한 상태에까지 이르는 불상사를 막으려면 어떻게 해야 할까. 다음의 몇 가지 주문을 반드시 유념하기 바란다.

○ 상대에게 내가 해줄 수 있는 일에는 한계가 있음을 인정하기

병원에서 아픈 사람을 간호할 때, 직장에서 동료나 고객을 위해 무언가를 할 때면 상대의 고통스러운 사정이 이해되면서 내 마음까지 무너지는 경우가 많다. 친구가 자신의 딱한 처지에 대해 털어놓는 말을 듣다 보면 내 몸까지 아파올 수도 있다.

그럴 때마다 상대에게 내가 해줄 수 있는 건 다 해주고 싶은 마음이 드는 게 인지상정이다. 그러나 현실은 어떤가. 당신이 그 사람의 문제를 모두 다 해결해 줄 수 있는가? 대신 아파줄 수 있는가? 어쩌면 상대의 문제는 당신이 할 수 있는 것 그 이상의 '어쩔 수 없는 일'이거나, 온전히 상대만이 해결할 수 있는 '그 사람의 몫'일 수 있다. 이 점을 한번 차분히 생각해 봤으면 한다. 그리고 겸허히 인정할 부분은 인정하자.

○ 일하는 시간과 쉬는 시간의 감정을 적절히 분리하기

우리는 일할 때 몸을 쓰기도 하고 머리를 쓰기도 한다. 어느 쪽이 됐든 감정을 투자하는 경우도 잦다. 그렇다 보니 자연히 엄청난 에너지를 쓰게 된다. 일을 마치고 나면 너도나도 녹초가 될 수밖에 없는 것이다.

일을 마친 다음, 우리는 운동을 하든 눕든 누굴 만나든 각자의 방식으로 휴식을 취한다. 그래야 에너지를 충전해 다음 날 다시 일을 시작할 수 있으니까. 이때 몸만 쉬는 것이 아니라 감정도 함께 쉬게 해주어야 한다.

나 같은 정신건강 전문의는 종일 여러 명의 내담자와 대화를 하고 나서, 그들 감정의 흔적이 고스란히 내게 남아 있음을 발견하게 될 때가 많다. 간혹 너무나 기구하고 슬픈 사연을 들은 직후 퇴근하게 되면 무언가를 보고 껄껄대며 웃는 나 자신이 민망하고 죄책감이 들기도 한다. 그러나 그 힘든 감정을 다 안고 지낼 수는 없는 노릇이다. 그건 내 정신 건강에 너무나 해로울뿐더러, 내 할 일을 제대로 못 하게 만든다. 그래서 나는 어떻게든 나에게 편한 방식으로 내 마음을 좀 쉬게 해주려고 한다. 그래야 지치지 않고 건강한 마음으로 내일 또 다른 분들을 위해 일할 수 있는 거라고 스스로를 설득한다.

○ 마음 상태를 전환하는 나만의 방법 마련하기

자, 그러면 어떤 방식으로 내 마음을 쉬게 할까? 나는 조용히 음악을 듣거나 이른바 '멍 때리기'를 하며 아무 생각 없이 마음 비우는 시간을 가진다. 그러고 나면 머릿속이 좀 정리가 되면서 내 컨디션을 회복하게 된다.

아마, 나처럼 다들 자기만의 방법이 있을 것이다. 잠이 많은 이들은 잠시 눈을 붙이기도 한다. 스트레스를 말로 풀어야 하는 사람은 가까운 가족이나 친구와 수다를 떨기도 한다. 특별한 방법이 없는 분이라면, 이번 기회에 마음을 풀기 위한 방법을 고안해 보는 것도 좋을 것이다.

나는 집이나 직장 주변을 아무 생각하지 말고 무작정 걷는 것을 추천한다. 여러 연구를 종합해 보면 걷는 활동은 뇌의 운동 영역뿐 아니라, 전두엽 피질과 피질 아래 조직도 자극해 전반적인 인지 기능을 안정시키는 효과가 있다고 한다.[7]

○ **상담가나 멘토를 만나 털어놓기**

공감이 깊어질수록 마음이 자꾸 가라앉고, 그 사람에 대한 걱정과 죄책감, 무언가 할 일을 충분히 못 해주고 있다는 부적절감에 시달릴 수 있다. 스스로 그런 상태에서 빠져나오기 어렵다면, 적당한 대상을 찾아 상담해 보는 것도 좋다.

우선, 같은 일을 하고 있는 일터의 동료나 학교에 같이 다니는 친구 중에 나를 지지해 주는 믿을 만한 사람을 찾아 그와 대화해 보는 것을 권한다. 이럴 때 그들은 어떻게 하는지 들어보는 것이다. 아무래도 상대가 내 상황에 대한 이해가 높을수록 대화가 잘 될 테니, 가급적 같은 일을 하거나 같은 학교에 다니는 사람 중에 그런 대상이 있다면 좋을 것이다. 회사원이라면 요즘에는 멘토 시스템이 잘되어 있는 회사도 많으므로, 한번 그런 도움 받을 수 있을지 알아보는 것도 좋겠다.

　상담을 전문으로 하는 곳을 찾는 것도 방법이다. 그렇게 친하지 않은 사람의 장례식장에 갔을 때 자꾸 눈물이 난다면, 이는 돌아가신 분과 그분 가족이 불쌍해서일 수도 있지만 내 내면 깊숙한 곳에 숨어 있는 내 문제 때문일 수도 있다고 보아야 한다. 공감 피로가 최근 들어 유독 심해졌다면, 이와 같은 맥락의 상황일 수 있다. 그러니, 이럴 땐 전문가를 찾아 내가 왜 자꾸 힘든 것인지 확인하고 마음을 환기하며 기력을 회복하는 것도 좋은 선택이 될 수 있다.

세상에 나 혼자
남겨진 느낌

혼자 있는 시간이 길어지면 우리는 종종 무기력해진다. 어릴 때부터 자취하며 친구도 별로 없이 홀로 공부해 온 학생, 사람들과 잘 교류하지 않고 집에서만 일하는 프리랜서 등 단순히 혼자 사는 것이 아니라 타인과의 접촉이 적은 이들은 외로움을 짙게 느낄 수밖에 없다.

물론 주변에 사람이 많다 해도 외로움은 언제든 찾아올 수 있다. 하지만 그런 외로움은 일시적일 가능성이 크다. 문제는, 긴 시간 진행되는 외로움이다. 일이든 공부든 같이할 사람이나 봐주는 사람이 오랜 기간 없으면 왜 그것을 해야 하는지 그 의미를 잃어버리기 십상이다. 옆에서 잘한다고 북돋아주는 사람이 있어야 뭐든 재미있게 느껴지는 법이다.

비행기 추락으로 무인도에 혼자 남겨진 사람을 그린 영화 〈캐스트 어웨이 _Cast Away_〉 속 주인공의 모습을 떠올려보라. 그는 외로움을 달래고자 배구공에 '윌슨'이라는 이름을 붙이고 그 공과 끊임없이 대화를 나눈다. 그러다 윌슨이 파도에 휩쓸려가자 목놓아 이름을 부르며 미친 듯이 찾는다.

나는 외로움을 잘 타는 사람일까?

"어? 나는 외로움 잘 안 타는 편인데?"

이렇게 말하는 이들도 간혹 있다. 가능한 이야기이다. 혼자 있으면 고독감을 느끼긴 하지만 그렇다고 외로움에 잠식당하지는 않는다고 말하는 이도 있다. 이 역시 가능한 이야기이다. '자발적 아웃사이더' 또는 '스스로 왕따(스따)'의 삶을 즐기는 사람도 있다. 외로움을 느끼는 것 역시 게으름을 피우는 것과 마찬가지로 개인마다 기질적인 차이가 있기에 가능한 일이다.

자, 그렇다면 당신은 외로움을 얼마나 느끼는 사람일까? 다음 세 가지 질문에 답해보자.

- 얼마나 자주 사람들과의 어울림이 부족하다고 느끼는가?

- 얼마나 자주 사람들에게 버려졌다는 느낌을 받는가?

- 얼마나 자주 타인들로부터 고립되어 있다는 느낌을 받는가?

각 질문에 대한 답을 '거의 없음' 1점, '가끔' 2점, '자주' 3점으로 채점하고, 총점을 계산해 보라. 전혀 외롭지 않다고 하면 3점일 것이다. 이 질문에 당신이 답한 총점이 높을수록 외로움이 심한 것이다.[8] 보다 자세한 연구 목적이라면 표준화된 좀 더 긴 긴 설문을 이용할 수도 있다.[9]

지금 당신이 깊은 무기력감을 느끼고 있다면, 그런데 외로움 정도가 심한 편으로 측정된다면, 당신이 무기력한 이유에 외로움이 포함되어 있을 가능성이 큰 것이다.

생각 이상으로 심각한 외로움의 문제

외로움이란 이 세상에 나 홀로 있는, 사람들과 동떨어져 있는, 누구와도 연결되어 있지 않은 것처럼 느끼는 감정이다. 이는 사람을 예민하고, 우울하고, 자기 중심적이고, 이기적으로 만든다. 또 감정에 무뎌지게 해 세상 일에 대한 의욕을 떨어뜨리고 무기력하게 만든다. 봐줄 사람이 없다고 생각하니, 거울을 보거나 옷을 차려 입는 것조차 귀찮게 느껴진다. 산업화 사회에서는 무려 인구의 1/3이 외로움을 경험하는데, 특히 열두 명 중 한 명은 심각한 수준의 외로움 상태라고 한다.

우리는 주로 노인이 외로움에 취약하다고 생각하지만, 젊은 성인도 열 명 중 여섯 명은 외롭다고 느낀다. 2020년 국내 한 기관에서는 전국의 만 19~59세 성인 남녀 1,000명을 대상으로 '외로움 관련 인식 조사'를 실시했다. 이 조사에서 평소 일상 생활을 하며 외로움을 느낀다고 답한 이들의 비율은 무려 59.5퍼센트에 이르렀다. 특히 20대가 67.2퍼센트, 30대가 64퍼센트로 일상에서 외롭다고 느끼는 비율이 높은 것으로 나타났다.[10] 1인 가구가 늘어난 데다, 학교나 직장도 가지 않고 물리적인 접촉을 금기시하는 코로나 시대를 살아가면서 그 비율이 더 높아지고 있는 것으로 파악된다.

외로움은 다른 사회적 문제나 질병과 달리, 소득 수준이나 교육 정도에 따라 나아지는 효과가 없다. 성별 및 인종에 따른 차이도 없다. 그런데 전염력은 있다. 게다가 눈에 띌 정도의 사회적 고립 상태에 놓였거나 우울증, 내향적 성격을 가진 사람, 대인관계 기술이 부족한 사람이 더 심할 것이라 생각되지만, 연구에 따르면 그렇지도 않다. 외톨이나 은둔자 성향의 사람만 외로움을 겪는 것이 아니라, 보통 사람 누구나 겪을 수 있는 감정 상태라는 것이다.[11] 나 스스로 사회에서 고립되었다고 느끼는 감정이다 보니, 심지어 사람들로 북적이는 환경에서도 충분히 느낄 수 있다. 어느 노랫말처럼 "함께 있어도 외로운" 셈이다.

"세상 어차피 혼자 사는 건데, 뭘 그리 외롭다고 난리입니까?"

간혹 이렇게 말하는 분들을 보게 된다. 하지만 생각보다 외로움 문제는 심각하다. 서구 사회나 한국처럼 급속한 산업화와 도시화가 진행된 곳에서는 점점 더 많은 수의 사람, 특히 외로움으로 인한 노인의 건강 문제와 고독사가 증가하고 있어 국가 보건의 쟁점이 되고 있는 상황이다.[12] 뿐만 아니라, 이런저런 이유로 천수를 누리지 못하고 일찍 삶을 끝내는 조기 사망률이 혼자 지낼 때 26퍼센트나 증가한다고 한다.

다양한 연구에 따르면, 외롭고 고립된 삶은 자극 저하와 운동 부족, 무기력감과 연결되면서 심혈관 기능 저하와 수면 장애를 일으킨다고 한다. 그것을 시작으로 다양한 건강 지표가 악화된다.[13] 미국에서 30여만 명을 대상으로 7년 이상 사회적 네트워크와 건강 문제를 분석한 연구에서는 사회적 고립과 외로움이 하루에 담배 열다섯 개비를 피우는 것이나 알코올 중독과 비슷한 정도로 건강에 해롭다고 보고했다.[14] 외로움은 특히 여성에게, 스트레스 시 반응하는 염증성 인터루킨interleukin과 코르티솔cortisol 수치를 높

무기력이
무기력해지도록

여 전반적인 건강 상태와 심혈관 질환을 악화시킨다.[15]

이런 문제를 심각하게 인식한 영국에서는 2018년 체육 및 시민사회Sport and Civil Society 장관을 외로움 문제를 담당할 '고독부 장관'으로 겸직 임명했다. 이 부서에서는 고독사까지 초래하는 외로움 문제를 해결하기 위해 다양한 방안을 추진한다.

사람을 만나지 못하는 시대에는

실제 연구에서는, 외로움 문제를 해결하는 데 사회 기술 훈련이나 사회적 지지 체계, 교류 프로그램을 마련해 주는 등의 노력이 가시적으로 그리 큰 효과를 보이진 않은 것으로 나타났다. 그러나 임상 현장에서 보면 연구에서 드러나지 않는 효용은 분명 있는 것 같다.

그도 그럴 것이, 최근 어르신들을 만나 보면 동네 복지관이나 경로당에 가서 친구들을 만나 외로움을 달래곤 하다가 코로나 이후 그 모든 활동을 하지 못하면서 몸과 마음이 약해지고 기운이 빠져 멍하니 있는 모습을 많이 보게 된다. 식사량이 줄어 살이 빠지고 기억력이 나빠지는 모습도 보인다. 이런 분들에게 어떤 식으로든 가족이나 이웃과 만남의 장을 마련해 드린다면 분명 전보다 기력을 되찾으실 것이다. 백신을 맞고 나서 보건소 관계자가 부작용이 있는지 확인하기 위해 거는 전화조차 너무 반갑고 고마웠다고 이야기하는 어른들도 계시니 말이다.

외출을 자제해야 하고 여러 사람을 만나지 못하는 코로나 시대에는 아쉬운 대로 인터넷을 통해 온라인 접촉을 시도하는 것도 외로움을 줄이는 데 도움이 될 수 있다. 영화, 음악 등 힐링 콘텐츠를 소비하는 것도 괜찮지만, 가급적이면 사람들과 연결되는 것이 더 중요하다. 인간의 뇌는 사람들과 의사소통하고 공감하면서 사회생활을 유지할 수 있도록 진화해 왔다. 장시간 사람들과 연결되지 못하면 뇌가 자극받질 못한다.

이를 위해, 소위 '메타버스metaverse(인터넷 속 3차원의 가상 세계)'를 통해 물리적 외로움을 '정신적 연결성connectedness'으로 대치하는 것도 시도해 볼 만하다. 메타버스는 물리적 세계를 초월해 사람들이 교류할 수 있는 공간을 제공하는데, 이미 많은 사람이 그 속에서 사람을 만나 위로를 얻으며 살고 있다.[16] 혼자서 공부할 때 남들이 공부하는 영상을 틀어놓는다든가, 누군가의 먹방을 보면서 밥을 먹는 것도 혼자가 아니라는 느낌을 받기 위해서, 스스로 자극받기 위해서라고 할 수 있다. 아마도, 앞으로는 이런 메타버스를 이용한 삶이 새로운 형태의 정상next normal이 될 것이다.

다만, 지나친 온라인 집착은 피하는 게 좋다. 연구에서는 오히

무기력이
무기력해지도록

려 외로움을 많이 타는 사람일수록 온라인과 인터넷을 탐닉하고, 그것 때문에 일상 생활이 더 어려워진다는 보고를 하기도 했다.[17] 가상 현실로 이루어진 메타버스는 사람들과의 연결성을 보완해 주는 '보조제' 역할이라는 점을 명심하자.

갑작스러운 이별,
그 후

서른한 살의 대학원생 H는 축 늘어진 몸과 마음으로 친구 손에 이끌려 클리닉에 내원했다. 감정이 잘 읽히지 않는 멍한 표정을 지은 채 H는 20대 초반에 만난 남자친구와 헤어진 지 5개월이 지났다고 했다. 한편 50대 남성 A는 이상하게 집중도 안 되고 업무도 잘 안 된다며 찾아왔다. 증상의 원인을 찾기 위해 이런저런 이야기를 나누다 보니, 몇 달 전 십수 년을 함께해 온 반려견이 세상을 떠났다는 것이었다. 두 사람은 모두 이 세상에서 온전한 내 편이라고 생각했던 대상을 잃고 난 후 삶에 대한 의지와 활력을 모두 상실한 상태였다.

이별 증후군이 우울증으로

H는 남자친구의 학벌이 시원찮다면서 그와의 만남을 마뜩잖아 하던 엄마 몰래 남자친구와의 교제를 이어왔다고 했다. 그러다 남자친구가 기나긴 취업준비생 생활을 마치고 취업을 하자 부모님에게 조심스레 교제 사실을 밝혔는데, 격렬한 반대에 부딪친 것이었다.

몇 차례 부모님과 남자친구 사이에서 시끄러운 일이 있었고, H는 부모님과의 관계보다 남자친구와의 삶을 택하기로 결심했다. 그런데, 얼마 지나지 않아 남자친구가 H에게 일방적으로 이별을 통보한 것이다.

"더는 자존심 상하고 싶지도, 힘들고 싶지도 않다면서 헤어지자고 하더라고요."

H는 초점 없는 눈으로 힘없이 말했다.

평소 활발하고 매사 주도적이라던 H가 클리닉에 온 날 처음 보인 모습은 '축 늘어짐'이었다. 모든 것을 귀찮아하고, 무엇에도 의욕을 보이지 않았다. 에너지가 다 소진되어 눈을 맞추거나 질문에 답하는 것조차 힘들어했다. 아니나 다를까, H는 직장 일조차 제대로 못 하고 있다고 했다.

"생활 리듬이 엉망이 됐어요. 낮에 직장에 있을 때도 계속 늘어져 있으니까 일을 할 수가 없어요."

"퇴근 후나 주말에는 어떠세요? 친구들하고 이야기는 좀 나누세요?"

"카톡 안 열어본 지 좀 오래됐어요. 열어봐야겠다는 생각조차 안 들어요. 멍하고 집중도 잘 안 되고…. 어떤 날은 머리가 너무 아프고 어지럽고 종일 피곤해서 누워만 있어요. 그러다 며칠 동안 밥을 안 먹은 적도 있어요. 문득 허기가 지면 음식을 잔뜩 주문해서 폭식하기도 하고요."

H는 말을 마친 후 한참 동안 창밖을 바라보았다. 그러더니 이내 몇 마디 말을 덧붙였다.

"회사에는 이 친구가 도와줘서 갖은 핑계를 대기도 하고 연차도 내면서 버티고 있어요. 그래도 계속 이 상태면 곧 회사도 그만둬야 할 것 같아요."

H는 지난 10여 년간 유학의 기회마저 포기하고 남자친구와 함께하면서 감정적으로 온통 그에게 의지해 왔는데, 이제 그가 없다고 생각하니, 무엇을 어떻게 해야 할지도 모르겠고 무엇을 위해 살아야 할지도 모르겠다며 길게 한숨을 내쉬었다. 이른바 '이별 증후군'으로 인한 만성 무기력감을 넘어, H는 심한 우울증 상태에 빠진 것으로 보였다.

의지처였던 반려동물이 떠나고

30대 후반에 업무 스트레스로 인한 공황 증상을 겪으면서, 사람들과 부딪치지 않고 재택 근무를 할 수 있는 직장으로 이직했다는 A는 아이 없이 아내와 둘만 살고 있는 딩크족이라고 했다.

"아이를 일부러 안 가지려고 한 건 아니었습니다. 노력하긴 했는데, 잘 안 됐죠. 결국 아내와 상의해서 반려견을 입양해 자식처럼 예쁘게 키워보기로 했어요."

아내가 출근하고 나면 주로 집에서 일도 하고 생활도 하는 그는 온갖 반려견 뒤치다꺼리를 도맡아 하며 반려견에게 애정을 흠뻑 쏟았다고 했다. 휴일에는 아내, 반려견과 같이 여행도 다녔다. 그렇게 오랜 세월이 흘러 반려견이 나이를 먹고 여기저기 아파오자 A는 마음의 준비를 했다. 그러던 어느 날 낮, 반려견은 그의 품에서 조용히 눈을 감았다.

A는 담담하게 말했다.

"어차피 저보다는 이 아이가 먼저 갈 거라 생각했어요. 끝까지 편하게 해주자 마음먹었던 참이라, 격하게 슬프지는 않더라고요. 그저 눈물 좀 흘리고…. 아내와 함께 잘 보내줬어요. 그런데 그다음부터 일이 손에 잘 안 잡히고, 생각이나 업무가 잘 정리되지 않네요. 건강 검진에서는 별 이상이 없다고 나왔는데, 많이 피곤하고 건망증도 심해지는 느낌이에요."

A는 소위 '반려동물 사별 증후군pet bereavement syndrome'으로 고통받고 있었다. 그중 집중력과 기억력 저하는 우울 증상의 전조로 흔하게 나타나는 증상이다. 예전과 달리, 1인 가구나 부부 둘만 사는 가구가 많아지면서 반려동물은 가족의 한 구성원으로서 다른 구성원과 감정적으로 동일한 대접을 받게 되는 일이 잦아졌다. '집사'는 영양을 생각해 반려동물의 식단을 마련하고, 매일 함께 산책도 나가는 등 물심양면으로 반려동물을 보살핀다. 한편으로는 반려동물에게 감정적으로 많이 의지한다.

A 역시 그랬을 것이다. 때문에 반려견의 죽음은 그에게 가까운 이의 죽음과 똑같이 느껴졌을 것이다.

정신장애 분류 체계에서는 한동안 6개월 미만의 사별 반응을 우울증이 아닌 것으로 정의했었다. 시간이 지나면 좋아질 정상 반응으로 치부했던 것이다. 그러다 최근 들어 이를 다시 중요한 심리적 증상으로 보고, 적극 치료할 것을 권고하고 있다. A의 증상 역시 이 범주에 들어간다고 보아야 할 것이다.

다행히 A의 집중력 문제는 전두엽을 강화하는 세로토닌성 약물을 잠깐 복용하고 2~3개월가량 상담을 거치면서 점차 좋아졌다. 하마터면 나빠졌을지도 모를 부인과의 관계도 잘 추슬러, 여전히 사이좋은 부부로 잘 지내고 있다.

무기력이
무기력해지도록

일상의 회복을 위하여

정신분석학적으로 보면, 사랑하는 대상과의 갑작스러운 이별은 내 삶의 욕망과 힘의 근원을 상실하는 것을 의미한다. 사랑의 대상이 사라지면서 살아갈 이유와 생활 리듬마저 잃게 되는 것인데, 리듬을 잃는다는 것은 무의식을 제어하던 삶의 경계와 절제력, 거울처럼 나를 비춰주고 마치 코치처럼 나를 격려해 주던 사람이 떠나면서 사소한 일상에서도 어찌 할 바를 모르게 된다는 것을 의미한다. 내 마음속 심리적 '엄마'와 상상적 투사 대상을 잃은 것이기에, 욕망을 조절하고 삶의 노력을 다하고자 하는 의욕을 상실한다. 좌절과 공허, 허무감과 무기력에 시달리게 되는 것이다.[18]

한국 청소년과 성인을 대상으로 어떤 외상trauma을 겪는지를 조사한 연구에서는, 남자와 여자 모두 '교통사고'와 '사랑하는 사람의 갑작스러운 죽음'을 가장 많이 보고했다. 특히, 10~20대는 '가족 이외의 사람과 경험한 관계의 실패' '심각한 거절당함'을 삶의 외상으로 기억하고 있었다.[19] 아마 이 말을 들으면서, 학창 시절 친한 친구와의 갈등 때문에 속상했던 기억이 떠오르는 사람도 있을 것이다.

인간은 올 때도, 갈 때도 어차피 혼자라고들 하지만, 사실 우리는 늘 누군가에게 정을 주고 의지하면서 살아간다. 항상 내 편이

되어주는 사람까지는 아니더라도 그저 내 옆에서 나를 지켜봐주고 미소 지어주는 사람이 있다면, 그것만으로도 살아갈 이유가 있다고 느끼게 마련이다.

연인과 이별한 H와 몇 번 상담하면서, 나는 이런 제안을 했다.

○ **전 남자친구를 떠올리게 하는 물건들은 보이지 않는 곳으로 치워라**

그게 중요한 선물이건 남자친구에 대해 적어두었던 일기장이건 상관없다. 기왕이면 수백 장쯤 남아 있을 그와의 사진도 정리하면서 마음도 함께 정리하는 것이 좋겠다.

○ **가능하다면 그 물건들을 버려라**

보이지 않는 곳으로 물건들을 치워놓고 어느 정도 마음의 준비가 됐으면 그 물건들을 아예 버리는 것도 방법이다. 그러면서 내 마음속 아쉬움과 무기력함도 같이 버린다고 상상하자.

○ **몸을 움직여 햇빛을 보라**

정말 몸을 일으키고 싶지 않고 밖으로 나가기 싫더라도, 일단 나가자. 정 힘들면 가까운 사람에게 부탁해 함께 나가도 좋다. 식물만 광합성을 하는 것이 아니다. 밝은 햇빛을 쬐면서 비타민 D도 합성하고 활기도 충전해 보자.

무기력이
무기력해지도록

○ 규칙적인 생활을 회복하라

규칙적으로 식사하고, 평소 친구들과 나누던 연락도 재개하자. 사람들과 많이 만나려 일부러 노력할 필요는 없지만, 적어도 직장과 학교에는 규칙적으로 나가야 한다. 시간이 지나면 몸과 마음은 반드시 회복된다. 그러나 잃어버린 신뢰는 다시 회복하기 어렵다. 직장과 학교 사람들이 나를 다 이해해 주기란 어려운 일이다. 만약 그들에게 신뢰를 잃게 된다면, 겨우 회복한 몸과 마음이 다시금 무기력해질지도 모른다.

많이 노력한다 해도 회복의 속도는 사람마다 다를 수밖에 없다. 기질적 차이도 있을 수 있고, 상황의 심각성이나 처한 환경도 각자 다르기 때문이다. 그래도 고무적인 것은 어쨌든 힘든 시간을 보내면서 마음은 조금씩 회복된다는 사실이다. 이 사실을 꼭 붙잡고서, 아프더라도 한발 한발 앞으로 나아가야 하는 것이다.

비교적 짧은 시간 안에 회복한 A와 달리, H는 상담을 시작한 지 수개월이 지난 후에도 계속 힘들어했다.

"그래도 전보다는 나아요. 부모님도 밉고, 떠나간 남자친구도 밉지만, 적어도 지금은 죽을 것 같진 않거든요. 이제 아무것도 못하겠다는 생각은 안 들어요."

H는 힘든 시간 중에도 꼬박꼬박 회사에 나가 일했고, 고통을

겪을 때 옆에 있어주고 클리닉으로 자신을 이끌어준 친구와 꾸준히 대화하면서 조금씩 힘을 내고 있다고 했다.

"시간이야 오래 걸리겠죠. 어쩌면 무서워서 다른 사람을 영영 못 만날지도 모르겠단 생각도 들어요. 그래도 그건 나중에 생각할래요. 지금은 어떻게든 하루하루 살아가는 게 맞다고 믿어요."

2장 ___

무기력은 정신이다 。

자기 연민이라는
위험한 함정

클리닉에서 처음 만난 M은 심한 우울증으로 상담 치료를 받다가, 입원 치료가 필요할 정도로 상태가 나빠졌다. 요즘 어떠냐는 내 질문에 M은 한숨을 쉬며 말했다.

"수면제를 먹어도 잠이 잘 오질 않아요. 종일 죽음에 대해 생각해요. 그냥 멍하니 방 안에만 틀어박혀 있어요."

나는 M에게 난치성 우울증에 사용하는 약물을 처방했다. 약물 치료가 진행되면서 다행히 M은 죽고 싶은 충동과 고통에서 벗어날 수 있었다. 하지만 그 이후에도 항우울제 유지 치료를 하면서 한참 동안 상담을 더 해야 했다.

무기력이
무기력해지도록

M은 꽤 넉넉한 집안에서 태어난 외동아들로, 유학 생활을 하다가 30대가 되어 귀국한 상태였다. 고등학교 때 유학을 가서 기숙사 생활을 했는데, 영어가 서툴러서인지 친구가 별로 없었다. 축구를 하면서 그나마 친구를 좀 사귀었고, 열심히 공부했지만 원하던 대학엔 진학하지 못했다. 경영대학원이나 의대에 들어가려다 몇 차례 실패하던 중, 사업을 하시던 아버지가 뇌출혈로 쓰러지는 바람에 학업을 중단하고 귀국해야 했다.

아버지와 어머니는 평소 사이가 원만하지 않았다. 그래서 그는 귀국하자마자 어머니를 대신해 아버지의 간병인 노릇을 해야 했고, 그 탓에 1년 넘는 기간 동안 주로 병원과 집을 오가는 생활만 하게 되었다. 다행히 1년쯤 되자, 아버지는 어느 정도 회복이 되어 집에 혼자 있어도 되는 정도가 됐는데 M은 여전히 방에서 스마트폰만 들여다보며 지내고 있다.

M은 상담 때마다 자기 신세를 한탄하며, 같은 말을 반복했다.

"내 인생은 왜 이런지 모르겠어요. 제가 콩쥐가 된 것 같다니까요. 집안일에만 매달리면서 이게 뭐 하는 짓인지…. 엄마 아빠 때문에 계획이 다 꼬였어요. 다시 공부를 하든 취업을 하든 해야 한다는 건 알아요. 그런데 마음에 드는 일자리도 없고, 너무 오래 쉬었더니 공부를 다시 시작하는 것도 엄두가 나지 않아요. 내 인생이 너무 불쌍해요."

그것은 모두 ○○ 탓

M은 분명 힘든 시간을 겪었다. 성인이 되기 전부터 타국에서 외로운 기숙사 생활을 했고, 원하던 대학에 가지 못하는 실패를 맛보았고, 그 외 계획했던 일들이 잘 풀리지 않으면서 별다른 성과 없이 30대를 맞았고, 버팀목과도 같았던 아버지가 쓰러지는 충격을 겪으면서 1년 넘는 기간 동안 아픈 아버지의 병간호를 도맡아 했다. 어찌 보면 그의 인생에 좋았던 일은 없었던 것 같다. 순탄치 않은 시간을 보내온 그를, 나는 처음에는 기꺼이 위로해 주었다.

그러나 이야기를 들으면 들을수록, M이 '자기 연민self-compassion'에 점점 깊숙이 빠져가고 있다는 느낌을 지울 수 없었다. 이것은 몹시 위험한 일이다.

자기 연민은 자기 자신을 불쌍하고 가엾게 여기는 것을 말한다. 동시에 자기 자신을 하찮게 여기는 것이기도 하다. 자기 연민을 위험하다고 하는 이유가 여기에 있다.

물론, 현대를 살아가는 우리는 누구나 자기 연민에 빠지기 쉽다. 좀 더 배경 좋고 재산 있는 집안에서 태어나지 못한 자신을 불쌍하게 생각하면서 억울해하기도 한다. 대부분의 학생은 자기 희망이나 의지에 상관없이 성적 경쟁에 줄을 서고, 졸업 후에는 또 의사와 무관하게 취업 경쟁에 뛰어든다. 부모의 닦달 때문에 공부

무기력이
무기력해지도록

하고, 남들 다 한다는 취업 준비에 매진한다. 이런 삶은 아무래도 내가 결정한 것이라고 볼 수 없다. 그래도 어쩔 수 없다. 자유민주주의 사회를 능력주의 사회로[1] 오인하고 성적과 대학 순위가 인생을 결정한다고 말하는 사람이 많으니, 밀려나지 않으려면 그 줄에 끼어 있어야 한다. 어쩌다 그 줄에서 밀려나면 스스로를 사회 시스템에서 도태된 '불쌍한' 사람으로 치부한다. 그 줄에서 앞자리를 차지한다 해도 내가 선택한 인생을 사는 것은 아니니, 스스로가 불쌍하게 여겨지는 것은 매한가지다.

인간에게는 '투사projection'란 방어기제가 존재한다. 이는 불안이나 스트레스가 심하면 누군가에게 그 책임을 미루려고 하는 심리다. 남 탓을 하면 그나마 내 책임이 덜한 것 같아 마음이 좀 편해지기 때문이다. 그래서, 그건 다 사회, 엄마나 아빠, 직장에서 만난 '그 인간' 때문이라고 끊임없이 남을 탓하며 사는 것이다. M 역시도 마음대로 풀리지 않는 인생 앞에서 끊임없이 투사를 하고 있었다.

'불쌍하게 여긴다'는 말의 숨은 뜻

'레 미제라블Les Miserables'은 '불쌍한 사람들'이란 뜻이다. 자유를 억압당하고 제대로 먹지 못하는 등 인간답게 살지 못하는 이들의 비참한 상태를 잘 묘사한 동명의 소설《레 미제라블》은 배고픔을 이기지 못하고 은촛대를 훔친 도둑 장발장에 대한 사제의 연민으로 시작한다.

물론 이 사제의 연민은 장발장을 더 나은 인생으로 이끌어주었다. 하지만, 이와 달리 일반적으로 어려운 사람을 동정하고 불쌍히 여기는 감정에는 '내가 그 사람보다는 좀 더 나은 사람'이란 생각이 바탕에 깔려 있는 경우가 많다. 선한 마음에서 비롯된 연민이라도 그 이면의 무의식에는 내가 그들보다는 낫다는 일종의 우월감이 자리하고 있는 것이다.

의사이자 소설가 A. J. 크로닌A. J. Cronin의 소설《천국의 열쇠The Keys of the Kingdom》에 나오는 안셀모 주교가 이를 보여주는 대표적인 캐릭터다. 그는 불쌍한 사람을 위해 기금을 모으지만, 치섬 신부처럼 고아를 입양하거나 고아와 같은 테이블에 앉아 같은 오트밀을 먹는 것까지는 하지 못한다.[2]

따라서 '연민'은 '존중respect'과 그 의미상 큰 차이를 지닌다. "존중한다"는 말에는 상대의 존재와 결정을 인정하고 상대가 스스로 자기 삶을 살아나갈 수 있도록 지켜봐주는 태도가 포함된다. 내가 상대의 밥을 먹여주는 것이 아니라 상대가 스스로 밥을 차려 먹을 수 있게 배려해 주고 자존심을 지킬 수 있게 해주는 것이 존중이다. 자녀를 존중하는 부모라면 자녀 스스로 공부 결심을 하고 실행

할 수 있도록 지켜봐주는 정도로 측면 지원을 해준다. 하지만, 자녀를 불쌍히 여기는 부모라면 일일이 자녀의 스케줄을 정해주고 시험 공부를 대신해 주다시피 하는 등 모든 결정을 내려준다(자녀가 안타까워서 그런 것도 있겠지만, 성질 급한 부모가 자녀를 믿지 못해서 그런 것일 수도 있다).

어떻게 보면 우리는 연민의 대상에게만큼은 한없이 너그러워진다고도 볼 수 있겠다. 연민의 대상이 타인에서 나 자신으로 바뀌어도 마찬가지다. 자기 연민에 빠지면 스스로에게 한없이 너그러워져 각종 핑계를 만들어대기 바쁘다. 항상 나 아닌 다른 사람들, 환경, 사회에서 내가 불쌍해진 이유를 찾다 보니, 우울감이나 울분 감정에 빠지기도 한다.[3]

"그 고생을 했으니 몇 년간 아무것도 안 하고 쉬어도 돼.""아버지 병간호하느라 학업을 다 못했으니 난 너무 불쌍해.""허리가 아프니 당분간 구직 활동은 보류해도 될 거야."

어디서 많이 들어본 말 아닌가? 이런 말들이 자신의 무기력한 행동과 태도를 합리화하는 것이다. "엄마 때문에 대학 오느라 이 고생을 했으니, 이제 몇 년은 밀린 게임이나 하며 좀 놀아도 돼" 하는 식으로 본인이 해야 할 일을 유예하는 핑계를 스스로 인정하고, 할 일을 미루는 행동을 '셀프 결재'하기도 한다.

자기 연민은 연민의 속성 그대로, 자기 자신을 존중하지 않고 믿지 않는 것을 전제로 한다. 믿지 않으니, 내가 무언가 할 수 있다고 생각하는 자신감이 바닥일 수밖에 없다. 자, 이쯤 되면 자기 연민이 얼마나 위험한 것인지 깨달았을 것이다.

자기 연민에서 벗어나기

내가 무언가를 해낼 수 있다고 믿는 자신감은 트라우마를 겪은 후 더욱 정신적으로 성장하는 사람들의 기본적인 특징 중 하나이기도 하다. 이와 반대로, 자기 연민의 덫에 걸리면 마치 늪에 빠진 것처럼 점점 더 깊은 무기력 속으로 가라앉는다. 그러다 자칫 잘못하면 우울증까지 갈 수도 있다.

우울증에 걸리면 무기력감에 점점 깊이 빠져드는 악순환에 걸려든다. 이때 명상이나 기도, 항우울제로 전두엽을 정신 차리게 해주면 그 악순환의 고리를 끊을 수 있다. 또한 이런 결심을 몇 번이나 반복 경험한 뇌는 전두엽의 감정 관리 기능이 더 강해져 무기력을 이겨내기가 보다 쉬워진다.[4]

자, 우울증까지 가기 전에 정신을 바짝 차리고, 자기 연민에서 벗어나는 일부터 집중해 보자. 이를 위해, 다음의 사실을 반복해서 되뇌고 의식적으로 끊임없이 생각하는 것이 중요하다.

무기력이
무기력해지도록

○ 내가 지금 처한 상태가 최악은 아니다

마치 막장 드라마와도 같은 본인의 인생을 어린 시절부터 쭉 읊어대고 한탄하면서 "나 같은 인생은 없을 것"이라고 말하는 분들이 꽤 많다. 하지만, 다양한 분들의 인생 이야기를 듣게 되는 의사 입장에서 보면 그보다 더한 경우는 항상 있는 법이다. 그래도 지금 당신 곁에는 당신을 이해해 주는 가족 혹은 친구가 한 명이라도 있지 않은가. 이 얼마나 다행인가.

○ 모든 일에는 장점과 단점이 있다

현명한 사람은 어떤 일을 하건, 어떤 사람을 만나건 배울 점을 찾는다. '세 명이 길을 가면 그중에는 반드시 나의 스승이 있다三人行必有我師'는 《논어》의 공자님 말씀처럼 말이다. 지금 당신은 불행하기만 한 것이 아니다. 이 상황에서 배울 점은 무엇일지 찾아보라. 직장이나 가정에서 '그 인간'이 하는 짓 때문에 힘들다면, 그를 반면교사로 삼아 '나는 절대 저렇게 하지 않을 것'이라 다짐할 수도 있을 것이다.

○ 나를 정말로 불쌍히 여겨 끝까지 도와줄 사람은 없다

아무리 가족이라 해도, 한탄만 하고 힘들다는 말을 밥 먹듯이 하는 사람은 결국 누구나 부담스럽게 여기는 존재가 되고 만다. 가족이든 다른 조직이든 구성원이 각자 제 몫을 제대로 해주어야 잘 돌아가는 법이다. 그렇지 않으면 누군가가 내 몫의 역할을 대신해주어야 하는데, 이를 그 누가 반기겠는가. 게다가 자기 연민에 빠져 자기 할 일을 하지 않고 자신을 동정해 줄 것을 끊임없이 요구하는 것은, 좀 심하게 말해 타인을 괴롭히는 행위다. 잠깐 그러다 제자리를 찾으면 모르겠지만, 그런 양상이 지속되면 결국 모두가 당신을 떠나게 될 것이다.

○ **사람은 누구나 자기 삶을 잘 살아가는 사람을 좋아한다**

사업 실패 후 연민에 빠져 있는 당신에게 선뜻 돈을 빌려줄 사람은 없다. 상황을 정리하고 새로운 방향으로 재도약할 준비를 작게라도 시작할 때, 사람들은 비로소 마음을 움직여 당신을 도우려고 나설 것이다. 주변에 도움을 요청하는 것은 물론 중요하다. 그러나 그보다 먼저, 당신 스스로 움직여야 한다.

무기력이
무기력해지도록

무기력도
학습이 된다

동명 소설을 영화화한 〈콜 오브 와일드*The Call of the Wild*〉에는 '벅'이란 이름의 개가 등장한다. 19세기 사람들이 금을 쫓아다니던 골드러시gold rush 시대, 캘리포니아의 판사 집에서 왕 대접을 받으며 살던 벅은 납치되어 추운 북쪽 지방으로 팔려간다. 그곳에서 벅은 저항할 때마다 거친 몽둥이 세례를 받는다. 자신의 의지를 주장하기보다 복종을 선택하는 게 고통을 줄이는 길이란 교훈을 얻은 벅은 어느 순간에 이르러 저항을 포기해 버린다(물론, 벅은 그러다가 여러 사건을 거치며 마침내 자신의 의지대로 나아가는 삶을 살게 된다).[5]

학습되고 전염되는 무기력

폭력에 그저 순응하게 된 벽의 모습을 보면서, '학습된 무기력Learned helplessness'이란 이름의 연구[6]가 떠올랐다. 심리학자 마틴 셀리그먼Martin Seligman이 1972년 발표한 이 연구에는 우울증이나 무기력이 어떻게 시작되는지가 담겨 있다.

셀리그먼은 1차 실험에서 스물네 마리의 개를 세 개 집단으로 나누었다. 첫 번째 개들은 우리에 가두기만 했다 풀어주었고, 두 번째, 세 번째 집단의 개들은 각각 우리에 가둔 다음 전기 충격을 줘서 고통스럽게 했다. 이 중 한 집단은 전기 충격을 받다 한쪽에 설치된 페달을 누르면 충격을 멈출 수 있었지만, 나머지 세 번째 집단의 개들은 아무리 페달을 눌러도 충격을 멈출 수 없었다.

이틀 후 이어진 2차 실험이 중요한 단계였다. 이번에는 낮은 칸막이로 나누어진 이중 우리에 가둔 세 집단의 개들에게 전기 충격을 가했다. 개들은 낮은 칸막이를 넘어 옆칸으로 점프만 하면 충격을 피할 수 있었는데, 놀랍게도 1차 실험의 세 번째 집단(페달을 눌러도 전기 충격을 멈출 수 없던) 개들은 피하지 못하고 그저 낑낑대며 괴로워하기만 했다. 이 개들은 1차 실험을 경험하며 전기 충격은 "어떤 행동을 해도 피할 수 없는 것이라는 절망을 학습"해 버린 것이었다.

요즘 같으면 동물 학대로 걸릴 만한 디자인의 이 연구에서, 셀리그먼은 인간도 개와 마찬가지로 반복적인 시련을 겪고 이를 벗어나지 못하는 경험을 하다 보면 그 상황을 그냥 변하지 않는 고정된 것으로 받아들여서 탈출을 포기하고 자책하거나 분노하거나 절망한다고 했다.

- 어릴 적부터 작은 나무에 묶인 채 생활하는 바람에, 다 크고 나서도 그 끈을 끊어내지 못하고 작은 반경에만 머무는 코끼리.
- 회사에서 제출하는 기획안마다 반려당하자, 더는 새로운 아이디어를 내지 않고 시키는 일만 하는 팀원.
- 부모님에게 꾸중만 듣고 자라, 자기 스스로 주도적인 무언가를 하지 못하는 학생.

이들 모두가 시작을 못 하는 건 '거절당하는 것'을 '학습'하고 스스로 무언가 결정하기를 포기했기 때문이다. 내가 무엇을 하든 이 상황과 고통을 피할 수 없고 결과는 바뀌지 않는다는 '반응–결과의 독립성response-outcome independence' 경험을 하고 나면 이후 일어나는 모든 상황에서 이전의 경험을 일반화하게 된다. 이는 의욕, 사고방식, 감정 조절 능력에 지대한 영향을 미친다.

이러한 현상은 경제적 약자들에게서 더욱 두드러지게 나타난다. 경제력이 부족하면 타인에 비해 가질 수 있는 것이 적고, 할 수 있는 사회 활동에도 제약이 큰 경우가 많다. 그렇다 보니 스트레스가 심해 '희망 없음'과 '좌절'을 경험하게 되는데, 이로 인해 우울증이 잘 생기는 것이란 연구도 있다.[7]

이런 무기력감은 전염성이 강하다. 직장이나 학교 등에서 많은 사람이 이미 좌절을 경험해 자포자기 상태가 되면 새로 그곳에 온 사람도 금방 그 무기력에 전염된다. 물론 반대 상황도 가능하다. 영화 〈쇼생크 탈출The Shawshank Redemption〉을 보면 무료한 교도소에 한 젊은이가 들어와 활기를 불어넣는다. 이처럼 새내기들은 어딜 가나 처음엔 무언가를 시도해 보려 하는데, 곧 활기 없고 복지부동하는 직장 분위기에 금방 동화되어 버리곤 한다. 동료나 친구 중에는 새로운 시도를 포기시키는 '전염력 강한' 이가 꼭 있게 마련이다.

긍정적 생각을 습관으로

고통을 겪는다고 모두 다 자포자기하지는 않는다. 가난한 산동네 단칸방에 산다고 해서 모두가 우울해하거나 불행해하는 것은 아니다. 이들을 사회적·경제적 약자라 이름 붙이며 무언가 시혜를

무기력이
무기력해지도록

베푼답시고 나서는 위선자에게는 이들이 그저 불쌍한 사람들일지 모르지만, 막상 현실을 들여다보면 어려운 환경에서도 희망을 찾아가며 즐겁게, 서로 도우면서 사는 행복한 이들이 더 많다.

우리가 집중해야 할 것은, 멈출 수 없는 고통을 겪고 포기한 그룹이 아니라 그 이전 경험을 통해 무언가 행동하면 좀 나아진다는 것을 알고서 능동적으로 전기 충격을 피했던 두번째 그룹이다. 연구자들은 이들이 지난 고통의 경험 덕분에, 인지적으로 일정 부분 미래의 고통과 절망에 대한 면역력을 가지게 되는 것이라고 설명한다. 자포자기했던 경우라도 과거 경험에 대한 사고방식을 수정하는 반응-결과의 독립성 경험을 하게 되면 부정적인 사고방식에서 벗어날 수 있다.[8] 자신의 과거가 미래에도 100퍼센트 반복되는 일은 드물며, 내 행동과 결심에 따라 내 미래는 얼마든지 달라질 수 있다는 사고방식으로 돌아오게 되는 것이다.

자, 자신이 무기력에 완전히 익숙해졌다는 생각이 든다면, 지금 상태에서 벗어나기 위해 내 마음을 다스려야 한다. 다음의 사실을 기억하자.

○ **확대 해석하지 않는다**

심리학자와 정신건강 전문의 들은 본인에게 일어난 일들을 지나치게 확대 해석하지 말 것을 우선적으로 주문한다. '그 일'은 그

때, 그 상황에서 일어난 것일 뿐 또다시 반복되는 것은 아니라는 말이다.

○ **자책하지 않는다**

그 일은 나 때문에, 내 잘못 때문에 생긴 것은 아니다. 자책하는 마음이 들 때마다 이 점을 되뇌어야 한다.

○ **긍정적인 생각을 습관화한다**

비록 지금은 힘들지만, 이제 곧 좋은 일이 생길 것이라는 생각을 습관적으로 반복해야 한다.

○ **무기력 전파자를 차단한다**

나에게 무기력감을 전염시킬 것 같은 사람이 있다면 피하자. 애써 얻은 활기가 어둡고 부정적인 전망에 사라질지 모른다.

위의 네 가지 중에서도 특히, 세 번째 '긍정적인 생각의 습관화'가 중요하다(선구적 학자인 셀리그먼이 학습된 무기력 실험 이후 어려운 상황에서도 포기하지 말고 삶을 긍정해야 한다는 '긍정심리학positive psychology'의 원조로 자리 잡게 되었다는 사실은 의미하는 바가 크다). '인지 치료cognitive therapy'를 할 때 상담가는 내담자의 과거, 현재의 삶에

무기력이
무기력해지도록

대해 대화하는 것으로 치료를 시작한다. 그러다 보면 내 사고방식에 습관처럼 붙어 있는 잘못된 사고체계를 발견하게 된다. "나는 공부해도 안 될 것"이라거나 "나는 능력이 부족하니 너무 큰 도전을 하면 안 된다"는 식이다. 아무도 나를 존중해 주는 사람이 없었으니 "누구와도 친밀한 관계를 맺지 못할 것"이라는 생각도 마찬가지.

이후 대화를 나누며 찾아낸 부정적 사고습관을 바꿔보는 연습을 수차례 반복한다. 지난주에 있던 일 중에서 사례를 찾아내어 다른 방식으로 리허설해 보고, 다시 생활에 적용해 보는 과정을 거친다. 혼자서도 할 수 있지만, 너무 힘들어 어떻게 해야 할지 모르겠다면 전문가의 가이드를 받아 함께하는 것도 좋다.

오래전 인기를 누렸던 영화 〈애니*Annie*〉에서 주인공은 노래 '투모로*tomorrow*'를 통해 힘들고 어려운 현실이지만 내일은 또 해가 뜰 것이라는 사실을 기억하라고 말한다. 오늘 하루 일어난 일에 집착하면 우울하고 외로울 뿐이니까, 내일이 올 때까지 참고 뜨는 해를 기다리자.[9] 그 전까지는 그냥 오늘 할 내 몫의 일을 하며 살아가는 것이다.

게으름은
천성일까

"저는 무기력하기보다 원래 좀 게을러 터진 편이에요."

이렇게 말하는 분들이 종종 있다. 결론부터 말하자면, 게으름은 타고난 천성일 수 있다. 한때 도파민이나 세로토닌 유전자의 특성에 따라 예민함이나 게으름, 불안함 또는 화를 잘 내는 성격 특성을 타고날 수 있다는 내용의 논문이 유행했던 적이 있다. 즉, 성격이나 성향 자체가 유전된다는 것이다.[10] 과거, 서구에서는 특정 지역에서 온 이민자들이 천성적으로 게으르다는 믿음에 대한 논의도 있었다.[11]

하지만 타고나길 좀 느린 사람이라고 해서 모두가 게으른 것은

무기력이
무기력해지도록

아니다. 근로자의 성격과 일에 대한 태도를 다룬 연구를 살펴보면 열심히 하지 못함, 낙관적 또는 비관적, 툴툴거림, 게으름, 자주 피곤함 등의 경향을 성격적 특징으로 분류할 수는 있지만 사람을 어느 한 종류로 특징지을 수 있는 것은 아니며, 성실성과 예민성, 개방성, 외향성 등의 성향은 상황과 본인의 마음가짐에 따라 다르게 발현되는 것으로 나타난다.[12]

한편 직장에서도 개방성과 성실성, 외향성, 우호성, 예민성의 정도에 따라 성격을 분류하는 검사를 하곤 하는데, 성실성이 높을수록, 즉 게으름의 정도가 낮을수록 업무에 잘 적응하고 직무 관련 스트레스를 덜 받는다고 한다. 성실하면서 업무에 잘 적응하는 사람은 번아웃되는 경우도 더 적다는 것이다.[13]

이렇듯 게으름, 예민함, 성실함 등의 기질이 타고나는 것인지 혹은 성장하며 길러지는 것인지에 대해서는 갑론을박이 있는 게 사실이다. 하지만, 다양한 연구를 살펴보건대 기질은 일정 부분 타고나는 게 맞지만 대부분은 사회 속에서 사람들과 부대끼고 학습하면서 형성되는 것이라고 보는 게 맞겠다.

나의 경우, 주중 일과 시간에는 미리 정해진 일들을 열심히 하는 편이다. 의사로서 기본적인 진료 외에도 온·오프라인 회의나 인터넷 강의도 많이 한다. 상담도 하고 각종 회의에도 열심히 개근한다. 하지만, 휴일이 되면 주로 TV 앞 소파에서 많은 시간을 보낸

다. 책 한 권과 리모컨을 손에 쥐고, 마치 코알라가 나무에 붙어 있
듯 소파에 붙어서 하루를 보내는 것이다. 게다가, 나이를 먹어 가
면서 잠이 줄어든다는 사람도 있던데 나는 애초 수면 요구량이 많
은 사람인 건지, 잠도 충분히 자야 한다.

이렇게, 나도 게으를 땐 게으르다. 그래도 늘상 그런 것은 아니
다. 그러니까, 그냥 건강하게 쉬는 시간을 보내는 것뿐이란 변명을
하면서 산다.

정상적인 게으름

주변을 살펴보면 부지런함이 몸에 밴 사람들이 있다. 종일 바깥
에서 주어진 일을 힘들게 하고 집에 돌아온 후에도 집안일부터 싹
하고, 그런 다음에도 손에 늘 무언가를 들고 있는 사람들. 이들은
그 모든 걸 짜증 부리며 하지 않는다. 그저 자기가 움직이는 것에
만족할 뿐이다(우리 집에 사는 부지런한 여인이 그런 대표적인 인물이
다. 이 여인은 "어차피 늙으면 쉴 시간도 많은데, 지금 할 일 빨리 해놓는
게 낫지. 게으름 부리면 몸이 더 아프다"라고 말한다). 직장 동료나 가족
중 이런 사람이 있으면 분위기가 한결 경쾌해지곤 한다. 일도 효율
적으로 진행되고, 주변 사람도 덩달아 열심히 일하게 된다(물론, 자

기가 열심히 일하고 있다는 걸 티 내면서 짜증과 잔소리를 입에 달고 다니는 사람 이야기는 별개로 하자).

간혹 강박증이 있거나 일 중독에 빠진 것처럼 예정된 일을 다 당겨서 미리 하지 않으면 불안해 견디지 못하는 사람도 있다. 이들은 오히려 일에 빠져 있다가 어느 순간 방전되어 버려 아무것도 하지 못하고, 아무 일도 하지 못하는 순간을 맞이하곤 한다.

부지런함이 몸에 밴 사람이나 일 중독인 사람을 제외하면, 대부분의 사람은 나처럼 한 덩어리의 일을 집중해서 해낸 후 게으름을 부리는 경향을 보인다. 이는 지극히 '정상적인 게으름'이다. '내가 선택한 여유'이기 때문이다. 적당 시간 일하고 나서 중간중간 혹은 주말에 충분히 게으름을 피우는 것은 다음에 해야 할 일을 위한 '배터리 충전' 같은 역할을 한다.

하지만 집중력이 떨어져서 일을 진행하지 못한다거나, 일 자체를 시작하지 못하는 상태로 피우는 게으름이라면 어떨까. 우선은 해결해야 할 정신의 문제는 없는지 확인해 보아야 한다.

게으름을 부르는 정신의 문제

먼저, 한때 '정신분열증'으로 불렸던 '조현병'을 생각해 볼 수 있다. 흔히 '환청'이나 '망상'을 조현병 증상으로 알고 있지만, 이는 원래 없어야 할 증상이 생긴 것으로 조현병의 '양성 증상positive symptoms'이라 분류된다. 생물학적·환경적·심리적 이유로 피해망상이 생기거나 누군가 나를 욕하는 소리를 듣는 것이다.

반면, '음성 증상negative symptoms'이라는 것도 있다. 이는 원래 사람이 가지고 있어야 할 기능이 사라지는 것을 말하는데, 인생에 아무 목적도, 의지도 없는 상태가 되는 것을 말한다. 심한 경우, 세수하고 목욕하는 것조차 싫어진다. 생각의 속도마저 느려져 머릿속이 텅 빈 것처럼 느껴지기도 한다. 잘 모르는 사람이 보면 마치 아무 일도 안 하고 멍하니 있으니 한없이 게으름을 피우는 것으로 착각할 수 있다. 주변 동료나 자신이 이런 상태로 의심된다면 당장 전문의를 찾아야 한다. 상담과 치료가 필수적이다.

한편 '심리적 저항resistance'도 중요한 마음의 문제다. 제2차 세계대전 당시 유명한 독일 장군 에르빈 롬멜Erwin Rommel은 신병을 받으면 처음엔 좀 쉽고 만만한 상대를 골라 전투를 하게 했다. 그렇게 작은 승리를 몇 차례 맛본 병사는 자신감이 충만해져 더 큰 전투에 용감하게 임하게 된다. 이를 달리 말하면, 일이 익숙지 않고 경험이 부족할 때 너무 큰 목적을 세우고 달려들면 실패할 가능성이 커진다는 뜻이다. 그렇다 보면 실망을 반복하고 새로운 도전에 소극적으로 변할 수밖에 없다. 이때 인간은 '게으름'이란 이름

무기력이
무기력해지도록

으로 일을 시작하길 늦추고 싶어 한다. 이를 '심리적 저항'이라고 한다. 마음의 상처를 더는 입지 않으려는 무의식적인 방어기제인 셈이다. 그래서, 큰 일을 하기 전에 미리 작은 성공 경험을 몇 개 하라는 것이다.

너무 큰 목적을 바로 내일 이루려고 하면 실망할 수밖에 없다. 오늘 공부를 시작해서 내일 토플 만점을 받을 수는 없지 않은가? 마라톤을 처음 시작하는 사람도 처음부터 42.195킬로미터를 완주하려고 하지는 않는다. 1킬로미터, 5킬로미터 등 점차 거리를 늘려가며 훈련하고, 이런 훈련이 쌓인 후 완주에 도전하는 게 성공의 수순이다. 무엇보다, 이는 일찍 지쳐 포기해 버리지 않도록 하는 방법이기도 하다.

지금 해야 할 일이 있는데 너무 무기력하다면, 일을 쪼개어 중간중간 목표 지점을 여러 개 설정해 보자. 맛집 도장 깨기를 하듯이 중간 목표를 하나씩 성취하는 계획을 세우는 게 하기 싫은 일을 시작하는 데는 큰 도움이 될 것이다.

최근 코로나19로 인해 무기력이 심해지면서, MZ세대들 사이에서 유행하고 있는 이른바 '무기력 극복 챌린지'도 이런 맥락에서 매우 유용한 연습이라 할 수 있다. 무기력 극복 챌린지란 30일 달력에 매일 무엇을 해낼지 작은 미션을 적어넣고서 그것을 해내면 하나씩 지워가는 것이다. 이 모습을 간단한 영상으로 찍어 SNS에

올리는 것이 일종의 '놀이'처럼 이루어지고 있다. 이는 작은 목표를 해치우며 작은 성공 경험을 쌓아가게 해준다는 점에서 확실히 '무기력 극복'에 도움이 된다.

게으름도 선택할 수 있다

정신의 문제도 아닌데, 그저 타고나길 게으른 편인 사람이라면 어떻게 해야 할까?

정신건강 전문의 문요한은 게으름을 본질적으로 '선택하지 못하는 것'이라 정의한다. 그는 게으름이 "선택을 피하기로 한 선택"이라면서, 몇 가지 무의식적인 단계를 거친다고 말한다. 일이나 공부를 해야 하는 상황이 오면 일단 좋지 않게 생각하는 '부정적 지각'이 1단계이다. '그냥' 하기 싫은 것이다. 그다음엔 계획을 세우거나 일을 시작해야 하는데, 그걸 하지 못하는 '정신적 게으름'이 2단계. 선택을 미루거나 떠넘기려 하는 시기다. 3단계는 막판까지 딴짓을 하거나 하다 못해 연필 정리를 하는 등 시간을 흘려 보내는 '행위적 게으름' 단계다. 그다음은 일과 공부를 하지 않는 자신에 대해 변명하거나 스스로를 비난하고 할 일을 다음 기회로 미루는 '자기합리화' 단계다.[14] 이런 게으름이 반복되면 소위 만성적인 게으름 상태가 된다.

반대로, 부지런한 사람은 일이 생기면 나름대로 그것을 긍정적으로 받아들이고 일단 시작한다. 중간중간 일을 리뷰해서 더 잘할 방법이 없는지 판단하고, 더 나은 방법을 동원해 또 시도하는 행동 특성을 보인다.

어릴 때는 공부 계획이나 학원 일정까지 엄마가 짜주고 관리해 주곤 하지만, 나이를 먹고 나면 더는 "대충 살다 보니 일이 다 되어 있다" "남이 대신해 줬다" 같은 말을 할 일이 사라질 수밖에 없다. 결국 내 할 일은 내가 해야 하는 것이다. 아무리 게으름을 타고났어도 우리에게는 '습관'과 '노력'이라는 무기가 있다. 그 무기를 쓰기로 '선택'하는 순간, 우리는 책임감을 장착하고 진짜 어른의 삶에 들어서게 된다.

물론, 그런 선택과 정신적 결단의 순간은 어느 날 갑자기 찾아오지 않는다. 미래를 고민하는 대학원생들과 대화하며 내가 자주 하는 말이 있다. 무얼 하고 싶은 건지 그것부터 결정하라는 것이다. 내가 10년 후에 무엇을 하고 살 것인지에 대한 미래 이미지를 마음속에 그릴 수 있으면, 지금부터 1년 후에는 무엇을 하고 있을지, 그러기 위해 지금 무엇을 해야 할지를 알 수 있기 때문이다. 사실 살다 보면, 내가 무얼 원하는지가 명확하지 않아 지금 하는 일이 의미도 없고 재미도 없게 느껴지는 경우가 많다.

이에 대해 청년출가학교 학교장 법인 스님은 TV 프로그램[15]에서 다음과 같이 말한 바 있다.

"네 인생을 살아라. 인생을 살라는 건 주체적으로 살라는 것, 남의 눈치를 보지 말라는 것이다. 세상은 힘들 수밖에 없다. 그렇다고 주저앉으면 길이 보이지 않는다. 길을 찾지 못하는 것은 무지하거나 게으르거나 용기가 없어서다. 늘 탐구하고, 부지런하고 용기 있는 삶을 살아라. 용기 있는 삶이란, 선택할 건 선택하고 포기할 건 포기하면서 사는 삶이다"

하고자 하는 일이 뚜렷해지는 순간, 게으른 기질은 전혀 문제가 되지 않는다. 그렇게 되면 오늘 할 일을 지금부터 시작하는 것이 얼마든지 가능해진다. 더는 "난 원래 좀 게을러서…" 같은 말은 입에 담지 말자. 자기 인생에 실례되는 무책임한 변명일 뿐이니까.

무기력이
무기력해지도록

내 일상을
정지시키는 우울증

유독 스트레스를 많이 받은 날, 당신의 몸과 마음은 어떤 상태가 되는가? 원인 모를 두통이 심해지거나 여기저기가 다 아프고 피곤해지지 않는가? 아무것도 하기 싫어지면서 움직이는 것조차 버겁게 느껴질 지경이 되며 무기력증이 몰려오지 않는가? 어떤 이유에서건 스트레스를 많이 받으면, 몸와 마음의 균형이 깨지게 마련이다.

실제로 극심한 스트레스는 소화 기능을 떨어뜨리고, 알레르기 증상을 더 심각하게 만든다. 노화를 촉진하고, 성 기능을 저하시키며, 학습 능력을 떨어뜨리기도 한다. 심지어, 건망증을 심화시켜

'경도인지장애(치매 고위험군으로, 인지 기능과 기억력이 눈에 띄게 감퇴한 상태)' 수준에 접어들게 하는 수도 있다. 이런 스트레스 상황이 만성화가 되면 몸에도 치명적인 영향이 가게 되면서 당뇨병, 고혈압뿐 아니라, 심장병, 뇌졸중, 암 등 심각한 질병으로 이어지기도 한다.

마음의 문제도 심각해지긴 마찬가지. 스트레스로 인해 불안 증상과 우울감이 찾아왔을 때 이를 해결하지 못하고 오랫동안 그대로 두면, 공황 장애나 우울증에 빠지기 일쑤다. 특히, 만성 스트레스는 전두엽 기능을 약화하고 충동 조절을 잘 못하게 만들어, 우리를 일상에서 느끼는 감정에 휘둘리도록 조종한다. 실제로, 감정이 잘 통제되지 않아 분노 조절이 힘들다고 호소하는 분들이 상당히 많다. 무기력감 역시 이렇게 잘 통제되지 않아 힘든 감정 상태 중 하나다.

우울증의 한 증상, 무기력

'감정'은 일상에서 다양한 경험을 하면서 느끼는 긍정적이거나 부정적인 느낌을 말한다. 그 인간이나 그 일에 대한 분노, 공포, 사랑스러움 등 다양한 마음 상태 말이다. 이런 감정은 크게 두 가지로 나누어 볼 수 있다.

우선 '기분mood.' 이는 일반적인 감정 상태로, 어떤 일을 겪으면서 느끼게 되는 감정 그 자체를 말하며 꽤 오랫동안 지속된다. 하지만 우리가 언제 어디서나 느낀 그대로를 다 표현하고 사는 건 아니다. '정서affect'란 내 속감정 상태가 밖으로 드러나는 형태를 말한다. 내 옆 사람이 느끼는 내 감정 상태가 정서인 것이다. 그래서 혹자는 기분과 정서를 음향 기기에 빗대어, 기분은 음악을 만들어 내는 '앰프', 정서는 그 음악이 소리가 되어 나오는 '스피커'에 비유하기도 한다.

우울증은 '기분 장애'의 한 종류다. 남에게 드러나는 감정이 아니라, 내 속에서 느껴지며 나를 힘들게 하면서 오래가는 기분의 문제인 것이다. 우울증 외에 가장 대표적인 기분 장애로는 '양극성 장애(조울증)'가 있다. 기분 조절이 안 되어서 자꾸 가라앉는 증상이 지속되면 우울증(단극성 기분 장애)이고, 들떴다 가라앉았다를 반복하면 조울증(양극성 기분 장애)이다.

이 중 우울증은 그 증상이 무기력증과 상당 부분 겹치기 때문에 흔히 둘을 같은 것으로 오해하기가 쉽다. 하지만 사실 무기력은 우울증의 중요한 증상 중 하나로 보는 것이 합당하다. 무기력을 이해하기 위해 우울증을 반드시 알아야 하는 이유다.

내가 정말 우울증이라면

우울 증상은 다음과 같이 핵심적 증상과 부수적 증상으로 나누어 살펴볼 수 있다.

○ **핵심 증상**

- 우울함(소아·청소년은 과민성이나 예민함으로 나타날 수 있음)
- 흥미와 즐거움의 저하

○ **부수적 증상**

- 체중 감소나 체중 증가, 식욕 감소나 식욕 증가
- 불면증 혹은 과도한 수면
- 정신운동성 초조 혹은 지체(좌불안석 또는 처진 느낌)
- 피로나 활력 상실
- 무가치감, 과도하거나 부적절한 죄책감
- 사고력이나 집중력 감소, 판단력의 저하
- 죽음에 대한 반복적인 생각, 자살에 대한 생각 또는 자살 시도나 계획

우울증 진단은 '우울함'이나 '흥미와 즐거움의 저하'의 두 가지

무기력이
무기력해지도록

증상 중 적어도 한 가지(또는 두 가지 모두)는 가지고 있으면서, 위의 아홉 가지 증상 중 다섯 가지 이상이 2주 이상 지속되는 경우에 내릴 수 있다.[16]

진단 기준에서 보듯이 우울증의 증상은 매우 다양하다. 단순히 우울하거나 모든 일이 재미없게 느껴진다고 호소해 우울증 진단을 받기도 하지만, 그저 잠을 잘 못 자거나 너무 피곤해서 병원을 찾았다가 우울증으로 진단받는 경우도 있다. 문화에 따라 다른 측면도 있어서 미국 백인 환자들은 클리닉에서 "우울해서 왔다"라고 말하는 반면에, 우리나라를 비롯한 아시아 환자들은 "몸이 아파서" "피로해서" "잠을 못 자서" 왔다고 말하는 경우가 많다. 몸이 여기저기 아픈 증상으로 병원에 찾아왔는데, 우울증 치료를 받으면서 상태가 좋아지고 나서야 비로소 자신이 '신경성 신체 증상Medically Unexplained Physical Symptoms, MUPS'을 겪었던 것임을 깨닫기도 한다. 신경성 신체 증상이란 현대 의학에서 할 수 있는 모든 검사를 해봐도 이상을 찾아낼 수 없거나 과도한 증상을 호소하는 경우를 일컫는다.

국내 국가건강영양조사 연구에서 우울증 증상 중 가장 흔한 것은 우울함이 아니라 '피로감'이었다. 그다음으로는 불면, 불안, 의욕 없음 등의 증상이 많았다.[17] 즉, 이런 증상이 있다고 해서 모두 우울증인 것은 아니지만, 이 증상들 대부분이 우울증의 진단 기준에 포함된다는 말이다. 실제로, 우울증으로 진단 기준을 만족하는 경우는 6~10퍼센트 정도인 데 반해, 나른하고 무기력하게 일상을 이어가며 우울 증상이 일부 있는 경우는 20~30퍼센트에까지 이른다. 그러니, 무기력증과 함께 앞서 소개한 우울 증상에도 몇 가지 해당한다면 좀 더 자세히 테스트를 받아보는 것이 좋겠다.

먼저, 이 책 앞머리에 소개했던 테스트, 즉 '들어가기 전에-나는 얼마나 무기력한 상태일까'에 나오는 '환자우울설문'을 꼭 해보길 권한다. 총점이 10점을 넘는다면 우울증 진단이 가능하다는 뜻이므로 반드시 전문가와 상담해야 한다. 특히, 9번 증상인 죽음, 자살에 대한 생각이 있는 경우라면 반드시 상담받을 것을 강력히 권한다. 총점이 5점을 넘는 경우에도 경도 우울증일 수 있으니 불안이나 집중력 저하 등 다른 문제가 없는지 한번 자세히 점검해 보기를 바란다.

우울증의 완전한 회복

우울증 상태는 스트레스 호르몬과 염증 호르몬의 영향을 만성적으로 받아, 신경이 염증 상태에 놓인 것이라고 볼 수 있다. 따라서 마치 소금물에 잠긴 전선처럼 신경이 녹슬기도 하고 전기 신호

전달도 잘 안 된다. 우울 증상이 오래 지속되면 뇌의 인지 기능이 감소해 건망증이 심해진다. 심리 상태라고 하는 소프트웨어가 안 좋아지는 정도가 아니라, 뇌라는 하드웨어의 기능이 떨어진다는 말이다.

경도인지장애를 가진 이들도 우울증이 같이 있으면 그렇지 않은 사람에 비해 인지 기능이 더 떨어진다. 건망증으로 기억력 클리닉에 온 사람들 중 상당수가 치매가 아니라 우울증으로 진단되는 경우가 많은 것도 그 때문이다.

우울증 때문에 기억력이 떨어졌다고 너무 좌절할 필요는 없다. 원인이 명확한 만큼 치료를 받으면 된다. 경도인지장애와 우울증이 같이 있는 사람을 대상으로 충분한 치료를 한 경우, 우울증이 호전된 그룹에서 인지 기능, 특히 계산 능력이 더 좋아졌다는 보고도 있었다.[18] 우울증 약을 먹으면 바보 된다고, 우울증 치료도 받지 말고 약도 먹지 말라고 하는, 소위 말하기 좋아하는 사람의 이야기는 그야말로 무식의 소치인 셈이다.

그렇다면 우울증에서 완전히 벗어나는 것은 가능한 일일까? 아니, 그 전에 우울증의 완전한 회복이란 무엇일까?

우선은 우울 증상이 완전히 소실되거나, 조절될 수 있어야 한다. 오래된 우울증이 있거나 체력이 떨어진 경우, 불안이나 신경성 신체 증상, 불면증 등이 잔류 증상으로 남을 수 있는데 이것이 내 일상에 영향을 미치지 않을 정도로 조절되어야 한다.

다음으로 우울증의 완전한 회복을 위해서는 내 일을 잘하면서 안정되고 친밀한 인간관계를 유지하고 사회적·경제적으로 독립된 상태가 되어야 한다. 그러면서 내 마음 상태를 관조하듯이 관찰하고 내적 성찰이 가능한 상태에 이르렀을 때 이를 회복이라고 할 수 있다.

이를 위한 가장 효과적인 치료법은, 적절한 약물 치료와 심리학적 상담 치료다. 최근 사용되는 항우울제는 과거 약물에서 보였던 부작용을 최소화하고, 다양한 증상 특징에 따라 처방할 수 있도록 디자인되어 있다. 잠을 잘 자지 못하는 우울증, 불안한 우울증, 화가 잘 나는 우울증, 밥을 못 먹는(혹은 너무 많이 먹는) 우울증에 따라 적절한 약을 골라내는 것은 의사의 일이다. 요즘은 침 한 방울로 유전자 검사를 미리 해서 본인에게 부작용은 적으면서 효과는 좋은 약물을 골라내는 경우도 있다.[19] 증상과 개인별 컨디션에 따라 약물 치료를 하게 될 경우, 환자는 충동성이나 무기력감, 불안이나 죽을 것 같은 고통에서 벗어나 기운을 차리게 된다.

이처럼 항우울제는 마음을 다스리면서 회복하려 할 때 혼자 걸어가야 하는 긴 거리를 짧게 단축시켜 주는 역할을 한다. 이와 동시에 인지 치료, 가족 치료, 문제 해결 치료 등 다양한 상담 치료를 병행할 경우, 당신의 지친 마음은 기운을 차리고 차츰 성장해 나갈

무기력이
무기력해지도록

수 있게 된다.

그렇다고 약물 치료나 심리 치료가 모든 걸 해결해 주는 것은 아니다. 이것들은 당신이 스스로 걸어가야 할 그 길을 같이 걸어가 주는 동반자 혹은 러닝 코치의 역할을 할 뿐이다.

결국 당신의 마음을 다스릴 수 있는 건 오로지 당신뿐이다. 용 기를 내어 회복을 향해 나아가기로 마음먹고 스스로 한 걸음을 떼 어야 한다. 다만, 편안한 보조 도구가 있으니, 이걸 굳이 뿌리칠 필 요가 없다는 점만큼은 꼭 기억해 두었으면 한다.

3장 __
무기력은 몸이다。

무기력은
당신 탓이 아닐 수도

끊임없이 늘어지고 아무런 의욕도 솟질 않는다. 대체 내가 왜 이러는 거지? 도통 이유를 알 수 없을 때, 대부분의 사람은 가장 먼저 '내 몸에 무슨 이상이 있는 건 아닐까?' 하는 생각을 떠올린다. 그리고 그 생각이 맞을 때도 많다. 나의 의지력이나 습관, 마음과는 무관하게 신체적인 이유로 무기력이 나를 방문한 것이다.

이것이 맞는지 확인하려면 자신이 현재 얼마나 많은 일을 하고 있는지 파악하고, 건강에 이상은 없는지 병원을 찾아 검사를 받아보아야 한다. 그렇지 않으면 자칫 시기를 놓쳐 병증이 짙어지거나 무기력증이 만성화되어 더 나쁜 상황을 불러올 수 있다.

과도한 작업은 번아웃을 부른다

당연한 말이지만, 신체적으로 감당할 수 있는 수준을 넘어서는 일을 하게 되면 결국 지쳐서 깊은 무기력 상태에 빠질 수 있다. 이 것이 바로 '번아웃'이다. 처음에 언급했듯이, 무기력감은 번아웃의 한 증상으로 나타날 수도 있는 것이다.

과도한 근무 시간으로 악명 높은 직업 중 하나가 의사, 그중에 서도 흉부외과 의사다. 대한흉부심장혈관외과학회에서 2018년 한국 갤럽에 의뢰해 흉부외과 전문의의 근무 현황과 행태를 조사 한 적이 있다. 이때 응답자 총 327명이 하루 평균 12.7시간, 주 63.5시간을 일한다고 답했다. 이들 중 80.4퍼센트가 자신의 업무 강도가 너무 높다고 답했으며, 16.8퍼센트는 스트레스로 인해 입 원 치료를 받은 적도 있다고 말했다. 51.7퍼센트는 자신이 번아웃 상태이며, 체력 고갈과 과도한 업무 탓에 혹시 사고가 날 가능성이 있다는 설문에 동의했다.[1]

비단 의사뿐일까. 우리나라의 연간 노동 시간은 2,024시간으 로, OECD 평균 노동 시간인 1,759시간보다 무려 265시간이 더 길다(2017년 기준). 문제는, 이것이 심각한 신체적·정신적 질환을 초래한다는 사실이다.

기존 연구들을 종합한 메타분석 연구에서는 장시간 노동이 표준 근무시간 동안의 노동과 비교해 심뇌혈관 질환과 정신질환 발생 위험을 유의하게 높이는 것이 확인되었고, 특히 교대 근무는 일반 근무에 비해 심뇌혈관 질환과 정신질환 발생 그리고 사망 위험을 유의하게 높이는 것으로 증명되었다. 우리나라 노동자와 질병 간 관계를 분석해 보면, 노동 시간이 주 60시간을 초과하는 경우에는 표준 근무 그룹에 비해 우울증에 걸릴 위험이 유의하게 증가하는 것으로 나타난다.

발병과 사망은 개인적인 불행이기도 하지만, 사회적인 불행이기도 하다. 의료비 지출과 노동력 손실, 재해 발생 등 사회적인 손실을 따져봐도 국가 차원의 적극적인 예방과 관리가 절실한 상황이다.

물론 이런 상황을 개선하는 것이 쉽지만은 않아 보인다. 누군가는 가난해서, 누군가는 구할 수 있는 일자리가 그것뿐이라, 누군가는 꿈을 좇느라 오래 일한다. 때문에 노동자의 건강을 보호할 수 있는 최소한의 장치로서, 의학적 관리를 할 수 있는 제도적 장비가 필요한 것이다.[2]

법에서는 '장시간의 근로를 통한 만성적인 피로'나 '스트레스에 의해 인간의 생체 리듬이 붕괴되고 생명 유지 기능에 치명적인 파급을 일으키는 상태'를 '과로 재해'라고 부르며, 과로사 및 기타 신체적 후유증에 대한 법적·제도적 안전 장치를 마련하고 있다. 과로 재해는 사고성 재해와 달리 대체로 우발적이지 않고 장기간에 걸친 경과로 발생하는 것이 일반적이어서, 발병 원인을 정확히 파악하기 어려운 경우가 많다. 또 내가 일의 양을 조절하지 못하고 타율성을 갖는 질병이란 특성도 있다.

이런 과로 재해의 원인으로는 주로 '과중한 근로 시간' '교대 근무 제도' '직무 스트레스' '업무 중 갈등' 등이 꼽힌다. 예전 같으면 개인적인 책임으로 간주되던 자살도 "근로자가 업무 수행 과정에서 받은 스트레스에 따른 우울증으로 자살한 경우, 업무와 사망 사이에 인과 관계가 있으면 재해로 인정한다"라고 판시하며, 재해 보상을 할 수 있도록 하고 있다.[3]

나부터 나를 챙겨야 한다

이런 장치들이 하나 둘 생겨나고는 있지만, 사실 이것도 충분치는 않아 보인다. 법으로 근로 시간을 제한하고, 노동 시간당 보상을 충분히 하고, 병가 보상 제도를 강제하는 것도 필요하지만, 이런 제도적 장치를 강화해 나가는 것과 동시에 과로가 내 건강을 해치지 않도록 생활을 조절해 나가려는 개인의 결심과 노력 또한 소홀히 해선 안 된다.

무기력이
무기력해지도록

개인적인 차원에서 신경 써야 할 것에는 무엇이 있을지 한번 짚어보자. 가장 중요한 것은 일이 끝난 후, '나에게 맞는 방식으로 쉬는 시간'을 충분히 확보하는 것이다.

○ 수면 시간 충분히 확보하기

사람마다 필요한 수면 시간은 아주 다양하다. 생물학적 시계의 수면 주기나 수면 요구량 모두 다르기 때문에 다섯 시간 정도만 자고도 멀쩡한 사람이 있는 반면 하루 여덟 시간 이상 잠을 자야 정상적인 활동이 가능한 사람도 있다. 또 일찍 자고, 일찍 일어나 아침 운동이나 아침 독서 등의 활동을 하는 '종달새형' 인간도 있지만, 늦게까지 활동하다 느지막이 일어나는 '올빼미형' 인간도 있다.

따라서, 전문가들은 최소 7~8시간은 잘 것을 권하지만, 자기 상태나 성향에 맞춰 수면 방식을 조절할 필요가 있다. 어떤 식이됐든 가장 개운한 상태로 깨어날 수 있으면 된다.

○ 업무 생각을 하지 않고 지내는 시간 확보하기

일을 끝내고 나서도 일에 관한 문제가 머릿속을 떠나지 않는 날에는 쉬어도 쉬는 것 같지가 않다. 마치 자동차가 서 있으면서도 엔진이 계속 공회전하는 것처럼 뇌에서는 계속 일을 하고 있는 것이다. 실제로, 이런 상태에서는 몸도 정신도 쉬이 지치고 무기력해진다. 아무리 꼬리를 자르려 해봐도 끊임없이 머릿속에서 업무 생각이 재생된다면, 간단하게라도 주의를 돌릴 다른 무언가를 찾아 그것에 집중하도록 노력해야 한다.

○ **내가 할 수 있는 업무량을 파악하고, 이를 초과하면 인력 보강·분담 요구하기**

어떤 업무를 제대로 해내기 위해 필요한 인력은 정해져 있는 법이다. 나 혼자 다 끌어안는다고 해서 될 일이 아니다. 물론 일이 너무 많아서 나 혼자 기한 내에 할 수는 없다고 선포하는 것이 쉬운 일은 아닐 것이다. 각자 처해 있는 상황이 모두 다른 법이니까. 그러나 체념만 할 게 아니라 일단 시도라도 해보자. 과로로 몸과 마음이 망가지면 결국 손해 보는 건 자신이니 말이다.

체력은
국력이 맞다

40대 L은 어느 날 거래처에 가다가 갑자기 가슴이 조이고 숨 막히는 느낌이 들어 근처 대학병원 응급실로 뛰어들어 갔다. 지난달 팀장이 된 L은 며칠간 영업 목표를 위한 계획을 수립하느라 아침 일찍부터 늦게까지 거의 쉬지 않고 회의를 진행해야 했다. 저녁에는 팀원들과 모여 술을 마시며 팀워크를 다졌다. 코로나19 확산 방지를 위해 5인 이상 모임이 금지된 터라 네 명씩 나눠 모이게 되면서, 결과적으로 거의 매일 저녁 술을 마실 수밖에 없었던 상황이었다.

모든 검사를 마친 후, 그가 받은 진단은 '공황 장애'였다. 업무량이 늘어난 데 대한 스트레스가 있는 상태에서 체력적으로도 무리를 한 게 문제였다. 신경도 몸이다 보니, 체력이 떨어지며 몸과 마음의 회복력이 떨어졌던 것이다. 그에게는 불안증 치료제도 필요하지만, 재발 없이 잘 지내려면 평소 체력 관리, 마음 관리를 잘 해야 한다는 진단이 내려졌다.

결심에 필요한 건 용기보다 이것

무언가를 하기로 결심할 때 기본적으로 가져야 하는 건 '용기'다. 그런데, 용기보다 중요한 것이 있다. 바로 '체력'이다. 체력이 어느 정도 받쳐주지 않으면 마음까지 약해져 용기가 솟아날 가능성이 아예 사라져버린다.

공군사관학교 생도들을 대상으로 한 최근 연구에서는 입학 당시 체력이 좋았던 생도일수록 학업 성적도 좋고, 일과 업무에 대한 '그릿grit'도 높은 것으로 나타났다.[4] 그릿은 '성장Growth' '회복력Resilience' '내재적 동기Intrinsic Motivation' '끈기Tenacity'의 앞글자를 딴 단어로, 성공과 성취를 끌어내는 데 결정적인 역할을 하는 투지나 용기를 뜻한다.[5] 결국, 체력이 좋아야 어려움을 더 잘 견디고 쉽게 포기하지 않는다는 것이다.

체력은 마음 건강에도 지대한 영향을 미친다. 흔히 체력을 측정할 때는 손아귀로 쥐는 힘(악력)을 살피곤 하는데, 고려대 연구팀에서 3,169명의 국가건강영양조사 자료를 토대로 악력과 우울증의 상관관계를 분석한 적이 있다. 이 연구에서는 악력 정도에 따라 참가자를 네 그룹으로 나누었는데, 그중 악력이 가장 낮은 그룹은 가장 높은 그룹에 비해 우울증이 생길 가능성이 두 배(1.96) 가까이 된다는 사실이 보고되었다.[6] 놀랍지 않은가.

이런 이유로, 내가 마음건강 클리닉에서 내담자를 만날 때 가장 먼저 던지는 질문은 다음 두 가지이다.

"몸 컨디션은 어떠신가요?" "마음 컨디션은 어떠신가요?"

그리고 어떤 이야기를 나누든 상담을 마무리할 무렵에는 이 말을 빼놓지 않는다.

"1주일에 세 번 이상 햇빛을 보고, 최소한 30분씩은 걸으셔야 합니다."

저질 체력을 끌어올리기 위하여

우리는 바쁜 일상을 보낸다. SNS에는 일과가 끝나고 주변 산을 오르거나 피트니스 클럽에서 운동하는 사람들의 모습이 담긴 사진이 매일 올라오지만, 사실 우리 대부분은 운동할 시간을 내기 어려운 것이 현실이다. 시간도 시간이지만, 사람마다 운동을 좋아하는 정도도 다르고 성향에 맞는 운동 방법을 찾는 것도 쉽지 않다.

과연 어떻게 체력을 챙겨야 할까? 바쁜 일상과 짧은 수면, 음주 등으로 인해 떨어진 이 저질 체력을 끌어올리는 데 가장 효과적인 방법은 무엇일까?

○ 규칙적인 운동 시간 정하기

피트니스 클럽에서 운동하는 것을 즐기는 사람이라면, 가격 혜택도 있으니 장기 등록을 하고 꾸준히 다니면 된다. 이렇게 주기적으로 실내를 찾아가 운동하는 게 맞지 않거나 여건상 어려운 사람은 저녁 식사 이후 동네를 1시간 정도 산책하듯이 가볍게 걷는 것도 방법이다. 중요한 것은 무엇을 하든 '규칙적으로 하는 것'이다. 여러 연구에서는 공통적으로 최소한 1주일에 사흘 이상은 운동을 해야 한다고 주문한다.

○ 나한테 맞는 운동 찾기

누군가는 등산이, 누군가는 수영이 좋다고 말한다. 필라테스나 요가를 즐기는 이들도 많다. 운동도 유행을 타는 법이라, 방송에서 어떤 운동이 좋다고 소개되거나 SNS에 특정 운동을 하는 연예인

무기력이
무기력해지도록

혹은 인플루언서의 사진이 많이 올라오면 한동안 그 운동에 엄청난 사람들이 몰린다. 그러나 이런 것에 혹해선 절대 안 된다. 남들이 뭘 하든 내가 좋아하는 것을 해야 한다. 내가 뭘 좋아하는지 몰라 처음에는 이것저것 해보며 관심을 가져볼 수는 있겠지만, 결국 내가 좋아하는 것을 찾아내야만 오래 할 수 있는 것이다.

○ **생활 속에서 몸 많이 움직이기**

정말로 시간을 내기가 어렵다거나 운동을 끔찍이 싫어한다면 일상생활을 하며 되도록 몸을 많이 움직이는 것도 괜찮다. 나의 경우, 구기 운동을 못하다 보니 당최 운동에 재미를 느끼지 못하는 편이다. 그렇다 해도 체력은 반드시 관리해야 하기 때문에 생활 속에서 운동량을 늘리는 방법을 찾아 실행하고 있다.

그중 'NEAT 운동법'이라는 것이 있다. '정식운동을 하지 않으면서 열량 소모량을 늘리는 법Non-Exercise Activity Thermogenesis, NEAT'이란 의미다. 일상과 업무 환경과 습관을 변화시켜 조금이라도 몸을 더 움직일 수 있도록 하는 것이 체력을 키우고 비만 치료를 하는 데도 도움이 된다는 것이다.[7] 구체적으로 이런 방법이 있다.

- 대중교통으로 출 · 퇴근하기
- 버스나 지하철에서는 앉지 말고 서서 가기

- 마트에서 카트 말고 장바구니 이용하기

- 자녀와 공놀이 등 몸을 이용해 놀이하기

- 리모컨 없애고 왔다 갔다 하기

- 계단으로 오르내리기

- 사무실에서 서서 일하기

- 스트레칭 자주 하기

이런 방법들을 참고해 각자 자기 생활 패턴에 맞는 운동법을 고안해 볼 수 있겠다. 예를 들어, 매일 앉아서 일하는 직장인이라면 서서 일하는 책상을 마련해 본다거나, 출·퇴근 시 원래 내리는 정거장보다 한두 정거장 빨리 내려 걷는 시간을 늘려볼 수도 있겠다 (기껏 해야 '저녁 먹고 걷기' 정도를 실천하고 있는 나로서도 이것은 영원한 과제다)[8].

잊지 말자. 체력은 국력이자, 학습 능력이자, 뇌 건강의 기본이라는 것을.

만성 신체 질환을
경계하라

"이 나이가 되니까 몸이 예전같지 않아."

어릴 때는 이런 말을 하는 어른들이 잘 이해되지 않았다. 겉으로 보기엔 별로 나와 달라 보이지 않은데 뭐가 그리 힘들다는 건지. 그러나 한 해, 두 해 나이를 먹어갈수록 내 입에서 그 말들이 점점 자주 나오고 있다. 사용한 지 몇 년이 지나면 스마트폰 배터리 사용 가능 시간은 점점 줄어들고 충전 시간은 점점 길어지는 것처럼 피로 회복 시간도 점점 길어지는 것을 피부로 느낀다.

이런 생각이 드는 게 비단 나뿐만은 아닐 것이다. 나이가 들어갈수록, 특히 크게 아프고 난 다음이나 노령기에 접어들수록, 젊었을 때는 아무렇지 않게 해치웠던 일을 겨우 해내거나 쉽게 체력을 회복하지 못하는 경험을 자주 하게 된다. 클리닉에 와서도 왜 이렇게 피곤하고 기운이 없을까 물어보는 분들이 계시는데, 명쾌한 답을 찾기란 쉽지 않다.

단순히 체력 문제라면 앞서 이야기한 지침대로 혼자서도 어느 정도 관리가 가능하지만, 문제는 구체적인 질환이 있을 때다. 자꾸 힘이 빠지고 무기력하다는 분들의 몸을 검사해 보면, 암, 갑상선 저하증, 당뇨병 등의 병증이 발견되는 경우가 더러 있다. 이런 만성질환들은 체력과 영양분을 소모시킨다는 뜻에서 의학에서는 '만성 소모성 질환chronic wasting disease'으로 불린다. 그중 대표적으로 기력을 떨어뜨리는 질환들을 몇 가지 알아보자.

당뇨 피로 증후군

당뇨 및 대사증후군이 있는 경우에는 피로감이 커지는 경우가 많다. 피로 증상은 제1형, 제2형 당뇨 환자에게서 흔하게 보고된다. 당뇨 환자의 피로 증상은 체내 염증 수준과도 관련되어 있으며, 인슐린 치료나 체질량 지수Body Mass Index, BMI에도 영향을 받는

무기력이
무기력해지도록

다. 반면, 혈당 수치가 불안정하거나 높다고 해서 반드시 피로가 더 심한 것은 아니다.

임상 현장에서는 당뇨병 환자들의 피로 혹은 쉽게 피로해지는 증상을 통칭하여 '당뇨 피로 증후군Diabetes Fatigue Syndrome, DFS'이라고 부른다.[9] 이는 당뇨 자체로 인해 오롯이 발생한다기보다는 생활습관, 영양 섭취, 심리적인 상태, 혈당 조절 수준 등 다양한 원인이 복합적으로 작용해 발생하는 것으로 보인다.

당뇨 피로증을 관리하기 위해서는 다음과 같은 지침을 따라야 한다. 무엇보다, 당뇨로 인해 발생하는 각종 스트레스와 생활 변화를 편하게 받아들이는 것이 중요하다. 비교적 젊은 나이에 당뇨가 발생하는 사람은 나 말고도 많으며, 약을 먹는다고 해서 꼭 무언가 부족한 사람이 되는 건 아니라는 마음 말이다. 그렇게 노력할 때 심리적인 불편감뿐 아니라 피로 등 신경성 신체 증상도 많이 호전된다는 점을 잊지 말아야 한다.

당뇨병 환자들이 쉽게 피로해지는 증상에는 당뇨 자체보다 생활습관, 영양 섭취, 심리 상태, 혈당 조절 수준 등 다양한 원인이 복합적으로 작용한다. 이를 관리하려면 당뇨로 인한 생활의 변화를 자연스럽게 받아들여야 한다. 그리고 건강한 당뇨 식단을 유지하면서 운동 스케줄, 수면 습관을 지키는 등 스트레스를 잘 조절해야 한다.

갑상선 질환

갑상선 호르몬은 우리 몸의 대사 속도를 조절하는 역할을 한다. 갑상선 호르몬의 분비는 뇌하수체가 관할한다. 뇌하수체는 갑상선 자극 호르몬을 분비하여 갑상선의 기능을 조절한다. 갑상선 호르몬이 너무 많이 분비되면 무슨 일이 일어날까? 바로, 질환 단계에 접어들어 '갑상선 항진증'까지 가게 된다.

갑상선 항진증 단계가 되면 먹은 음식이 빨리 타버린다. 열이 잘 나서 땀도 많이 나고 체중이 빠지기도 한다. 신진대사 속도가 빨라지는 것이다. 또한 자율신경이 흥분해서 심장이 빨리 뛰기도 하고, 위장의 운동 속도도 빨라져서 대변이 자주 마렵거나 설사를 하는 경우도 있다. 신경도 예민해져 짜증이 늘어나고, 몸이 떨리기도 한다.

반대로 갑상선 호르몬이 적게 분비되면 어떻게 될까? 이번에는 '갑상선 기능 저하증'이 찾아온다.

갑상선 기능이 저하된 사람은 갑상선 항진증 환자와 반대로 대사가 잘 이루어지지 않는다. 그래서 추위를 많이 타고 얼굴과 몸이 자주 붓는다. 대사가 느려지다 보니, 체중이 증가하기도 한다. 또 자율 신경이 둔해지는데, 맥박이 느려지고 위장 운동도 느려 변비가 잘 생긴다. 생각 속도나 정신 활동도 느려져서 말을 천천히 하게 되고 아둔해진다. 이때 피곤함을 쉽게 느끼게 되어 무기력증에 빠지는 것이다.

피로가 가시지 않아 힘든데 이와 같은 증상까지 동반된다면 반드시 병원을 찾아 호르몬 검사와 갑상선 검사를 함께 받아보아야 한다. 그리고 '저하' 소견이 발견된다면 이제 적극적으로 병원에 다녀야 할 시간이 되었음을 인정하고 수긍해야 한다.

코르티솔과 부신

'부신'이라는 장기는 신장 윗부분에 자리 잡고 있는 작은 기관이다. 이 기관은 뇌하수체에서 분비된 부신피질 자극 호르몬Adrenocorticotropic Hormone, ACTH의 자극을 받아 '코르티솔'이라는 스테로이드 호르몬을 분비한다. 코르티솔은 보통 '스트레스 호르몬'이라고도 불리는데, 신경을 집중해야 할 상황에 분비되어 일을 힘 있게 해낼 수 있도록 만들어주는 필수적인 호르몬이다. 이들 호르몬의 농도와 분비는 생체 리듬에 따라 정교하게 조절되어, 인간이 활력을 유지하며 살아갈 수 있게 만들어준다.

일부 의사와 전통의학 의료인, 방송 등의 미디어에서는 만성적인 스트레스나 과로 상황 때문에 부신이 혹사당하게 되고 이로 인해 제대로 된 스트레스 대처를 하지 못하게 되는 현상을 일컬어 '부신 피로증adrenal fatigue'이라는 말을 사용하며, 이를 적극적으로 치료해야 한다고 주장한다. 하지만 이 용어는 과학적인 근거가 부족하며, 의학적인 용어라고 할 수도 없다.[10] 오히려 이런 허구적인 말로 인해, 실제 있을 수 있는 다른 신체 질환이나 우울증 등 심리적 문제에 대한 원인을 탐구하는 데 소홀해질 수 있고, '치료'를 하는 대신 영양제 섭취 등에만 의존할 수 있다는 점을 명심하고 항상 조심해야 한다.

부신의 기능이 떨어지고 있는지는 기본적인 임상 병리학적인 검사로 확인할 수 있다. 내분비 내과에 가면 코르티솔과 부신피질 자극 호르몬의 혈중 농도를 검사할 수 있다. 부신 기능이 약해지면 그걸 자극하려고 부신피질 자극 호르몬의 농도가 높아지다가 부신 기능 저하 상태에 이를 수 있다. 이는 내분비 내과에서 스테로이드 약물을 포함한 전문 치료를 해야 하는 병이다. 특히 다른 원인 질환 없이 일차성으로 발생하는 부신 저하증은 '애디슨병Addison's disease'이라 불리는데, 이는 면역 이상이나 종양, 출혈 등에 기인하는 경우가 있어서 종합적인 원인 검사를 필요로 한다.[11]

가장 중요한 것은, 피곤하다고 해서 무작정 비타민이나 보약을 찾기 전에, 귀찮고 무섭더라도 종합병원의 전문의를 먼저 찾아야 한다는 것이다. 의사에게 호르몬 문제를 포함한 체력 전반에 대한

무기력이
무기력해지도록

평가를 받고, 혹시라도 질환이 있으면 조기에 발견해 치료하거나 관리를 시작해야 한다.

명심하자. 병을 키우는 것은 누구에게도 도움이 되지 않는다.

무기력한 뇌가
우리를 조종한다

뇌는 신경 세포 수십억 개가 뭉쳐 있는 곳이다. 태아가 잉태되어 자라날 때 작은 세포들이 머리 끝에 모여 뇌와 척수를 이루고, 여기서 온몸으로 신경줄을 보내어 주변 환경을 느끼고, 또 그에 따라 움직이거나 반응할 수 있게 만들어준다.

이 신경 세포는 전기 신호로 정보를 전달하지만, 신경 세포와 신경 세포 사이에서는 '신경 호르몬'이라 불리는 신경 전달 물질이 화학적으로 신호를 전달한다. 신경 호르몬은 갑작스레 찾아오는 무기력증과도 밀접한 관계가 있다. 신경 호르몬이 더 분비되고 덜 분비되는 것이 기분에도 커다란 영향을 미치기 때문이다.

신경 호르몬이 하는 일들

대표적인 신경 호르몬의 종류와 각각의 특징부터 살펴보자.

○ **세로토닌**serotonin

행복 호르몬. 기분이 좋아지게 만들고, 통증을 조절하며, 의지력
과 의욕을 상승시킨다. 세로토닌이 줄어들면 삶의 의욕이 저하하
고 우울증에 빠지기 쉽다. 하는 일이 의미없게 느껴지고, 자신감도
줄어든다.

○ **노르에피네프린**norepinephrine

집중력 호르몬. 사고력과 집중력을 올려줌으로써 정신을 바짝
차리게 해준다. 위급 상황에서는 통증도 감소시켜 작은 상처에는
아픈 줄도 모르게 만들어준다. 세로토닌과 노르에피네프린 둘 다
통증을 줄여주는데, 노르에피네프린은 주로 통증을 억제해 주는
반면 세로토닌은 적절하게 높이거나 낮춰주는 역할을 한다.

○ **도파민**dopamine

쾌감 호르몬. 의욕과 동기를 불러일으키고 몸을 움직이도록 만
들어준다. 도파민이 줄어들면 기력이 달린다. 일을 추진하고픈 의

욕이나 욕구도 감소한다. 신경생물학 초기에는 뇌 속 세로토닌, 도파민, 노르에피네프린의 균형이 깨지면 우울증과 불안증이 발생한다고 봤고, 이에 근거한 약이 우울증 치료에 사용되었다. 요즘 새로 개발된 항우울제들은 대개 세로토닌 레벨을 올려주는 것에 집중하거나 이 세 가지 신경 호르몬 외의 물질을 조절해 준다.

○ **옥시토신** oxytocin

사랑 호르몬. 엄마가 아기를 안고 보듬어줄 때 나오는데, 신뢰감과 연대감을 증가시키고 불안감을 줄여준다. 시중에 나와 있는 옥시토신 스프레이는 애정과 유대감을 증가시킨다고 하는데, 그 효능이 완전히 증명되진 않았다.

○ **가바** GABA

신경계 흥분을 가라앉혀 주는 쿨링 호르몬. 뜨거워진 휴대전화를 식혀주는 것처럼 긴장감을 줄여주고 불안을 감소시킨다.

○ **멜라토닌** melatonin

수면의 질을 높이는 호르몬이면서 지휘자처럼 세로토닌과 다른 호르몬들을 조율하는 역할을 한다. 이 호르몬의 역할을 통제해 불면증이나 우울 증상을 개선하는 약물이 많다.

무기력이
무기력해지도록

○ **엔도르핀** endorphin

진통제와 쾌감의 호르몬. 달리기를 할 때 일정 시점에 느끼는 '러너스 하이runners high'처럼 고통을 줄여주고 기분을 띄워준다.

이 신경 호르몬들 가운데 어느 하나의 수치를 올려준다고 해서 곧바로 더 행복해지거나 기운이 나는 것은 아니다. 무기력에서 벗어나는 데는 여러 호르몬이 종합적으로 작용한다. 전문가의 진단을 받아 각자 자기 몸 상태와 상황에 맞는 호르몬 처방을 받는 것이 중요하다.

뇌가 하는 일들

한편 뇌 역시 부위에 따라 다양한 기능을 하며, 신경 호르몬과 함께 무기력증에도 깊숙이 관여한다. 대표적인 뇌의 부위를 살펴보면 다음과 같다.

○ **후두엽** occipital lobe

흔히 '뒤통수 맞았다'고 할 때의 그 뒤통수에 있는 부위. 맞으면 눈에 불이 번쩍한다는 곳으로, 시각 정보를 처리하고 몸의 균형을 잡는 역할을 담당한다.

○ **두정엽** parietal lobe

감각을 처리한다. 특히, 방향 감각을 담당한다.

○ **측두엽** temporal lobe

기억력과 기분을 다스리는 곳. 분노를 다스리거나 노래를 부르게 하기도 하며 언어 능력을 다스린다.

○ **기저핵** basal ganglia

뇌 깊숙한 곳에 자리 잡고 있으며, 사고와 감정을 담당한다. 몸의 움직임을 조절하면서 도파민에 의한 쾌감을 다스린다.

○ **심층 변연계** deep limbic system

인간의 유대감 같은 감정을 조절하고, 기분을 다스린다.

○ **선조체** striatum

뇌 깊숙이 자리 잡은 곳인데, 도파민 자극을 받아서 자동적이고 습관적인 행동을 하게 한다. 이 부위의 도파민이 줄어들면 피곤함을 자주 느끼게 된다. 또 이곳은 맛있는 음식을 자꾸 먹고 싶

무기력이
무기력해지도록

게 만든다거나 재미있는 활동에 탐닉하게 해 우리를 중독으로 이끌기도 한다. 이곳의 기능이 떨어지면 모든 게 다 재미없어지는 것이다.

○ **섬엽**insula

뇌 바깥쪽 피질의 한 부분으로, 기억과 감정을 만드는 해마 및 편도체와 가까이 있다. 여기서는 통증이나 심장 박동 수, 호흡 곤란 등의 문제를 섬세하게 모니터링하는데, 우울증에 걸리면 이곳이 활성화되어 작은 고통에도 민감하게 작용하고 신체에 대한 걱정이 많아진다.

○ **전대상회**anterior cingulate

일을 하면서 관심을 전환하고, 모니터처럼 내가 하는 일의 실수를 탐지하는 곳이다. 변연계와 전전두엽을 연결하는 부위이다 보니, 이곳의 기능이 원활치 않으면 우울증이 잘 발생한다.

○ **전전두피질**prefrontal cortex

뇌의 맨 앞쪽 이마 뒤편에 자리 잡고 있다. 생각하고 계획하며, 판단하는 부위다. 변연계에서 올라오는 감정을 조절하는 조정자, 기획실의 역할을 한다. 어떤 이유에서건 전전두엽의 기능이 떨어지면 감정 조절과 충동 조절이 잘되지 않아 우울증이나 무기력감에 빠지고, 격한 감정을 조절하지 못하는 분노조절 문제에 시달리기도 한다. 집중력이 떨어지는 경우도 잦다. 이로 인해 우울증이나 ADHD, 만성 피로의 증상들이 나타날 수 있다.

우리가 무기력감에 빠지는 것은 변연계에서 올라오는 우울감과 불안 증상을 전전두피질에서 원활하게 조율하지 못하기 때문이다. 도파민과 노르에피네프린이 떨어져 의욕이 떨어진 것일 수도 있다.

그래서, 병원에 오면 세로토닌을 높여 전두엽을 강화하는 항우울제를 처방하거나 명상, 운동 등을 처방한다. 세로토닌이 올라가면 나머지 신경 호르몬이 적절하게 균형을 맞추기 때문이다. 이때 그 원료가 되는 영양 성분도 골고루 섭취하는 게 좋다. 무기력해지지 않기 위해 반드시 섭취해야 할 영양 성분과 식품에 대해서는 뒤에 더 자세히 소개한다.

무기력이
무기력해지도록

테크노 스트레스를
조심하세요

"이번 정기 보고는 줌zoom 화상 회의로 진행할 예정입니다."

"카톡 단체방 만들 테니까, 거기서 조 발표 어떻게 역할 분담할지 이야기하자."

우리는 이런 말을 할 때, 더는 "혹시 화상 회의를 진행하는 데 필요한 기기를 다들 갖고 계시다면" "카카오톡 메신저를 모두 사용한다면" 같은 단서를 붙이지 않는다. 이미 이런 상황은 너무나 보편화되었다.

인터넷이 처음 발명된 이래, IT 기술은 정신을 차리기 힘들 정도로 빠르게 발달하고 있다. 불과 십수 년 전만 해도, 온라인으로 회의를 진행하는 것이 일상적인 풍경은 아니었다. 그러나 이제는 언제 어디서나 작은 기기 하나만 있으면 수월하게 주어진 업무를 해낼 수 있는 환경이 조성되었다.

여기에는 고도로 발달한 기술만큼 다양해진 기기와 프로그램들도 한몫했다. 이는 우리가 무언가를 해내기 더 편해졌다는 뜻도 되지만, 급속도로 생겨나는 새로운 기술과 장치를 받아들이고 익혀야 할 필요성이 더 커졌다는 뜻도 된다. 모든 영역에서 소위 '디지털 전환digital transformation'이 화두처럼 되다 보니, 이에 적응하는 것이 당연히 해야 할 일이 되어버린 것이다. 더구나 포스트 코로나 시대에는 디지털 기기를 이용해 화상 회의 등 필수적인 업무부터 사적인 인간관계까지 챙겨야 하는 시대가 되어버렸으니, 이제 신기술에 적응하지 못하면 가족들과 명절 인사조차 나누지 못할 형편인 것이다.

나 같은 의사도 예외는 아니다. 요즘 병원에 가봤다면 느꼈을 텐데, 이제 의사가 가장 많이 사용하는 물건은 청진기나 주사기가 아니다. 바로, 컴퓨터다. 그 외에도 디지털 기반의 새로운 기계들이 많다. 그렇다 보니, 컴퓨터 처리 속도가 늦어지거나 인터넷이 안 되면 진료 자체가 늦어지는 경우도 많다.

또한, 의무 기록 시스템이 클라우드화되면서 아예 프로그램 자체가 새롭게 적용되고 있어, 이런 메커니즘을 새로 배워야 하는 직원이나 의사 들이 스트레스를 많이 받고 있다. 익숙해지기만 하면 괜찮을 테지만, 그렇게 되기까지 시간이 좀 걸린다는 게 문제다.

테크노 스트레스가 무기력으로

'테크노 스트레스Technostress'[12]란 '기술technology'과 '스트레스stress'를 합해 만든 용어로, 개인이든 조직이든 새로운 정보기술을 받아들여야 하는 상황에서 이에 잘 적응하지 못해 발생하는 문제를 의미하는 말이다. 다른 말로 '컴퓨터 스트레스computer stress' '컴퓨터 불안computer anxiety'이라고도 한다. 여기에는 정보기술에 의존하는 노동자에게서 관측되는 정신적·육체적 상태, 기술로 인해 유발되는 부정적인 심리나 행동, 태도까지 포함된다. 쉽게 말해, 새로운 기술에 적응하지 못해 받는 스트레스라고 보면 된다. 스마트폰이 처음 나왔을 때나 이메일을 처음 사용할 때도 비슷한 스트레스를 받았었는데, 요즘은 하루가 다르게 새로운 기기와 기술이 나오고 있다는 게 문제다.

어떤 일을 하는 사람이든 새로운 기술에 적응하지 못하면 제대로 업무를 처리할 수 없다 보니, 이제는 일 자체가 아니라 기술에 적응하는 것이 또 다른 스트레스 요인으로 작용하고 있다. 더구나,

지금은 대부분의 사람이 일터와 가정에서 IT 기술을 활용해야 하는 시대. 새로운 IT 기술 도입 과정에서 지치고 소진되어 버리는 일이 잦을 수밖에 없다. 보통 새로운 기술을 도입할 때 기업은 관련 교육을 함께 진행하게 마련인데, 이 교육 시간이 길어져 정작 업무를 진행할 시간이 줄어들거나 교육을 진행한 후에도 기술을 잘 익히지 못하면 엄청난 테크노 스트레스를 받게 되는 것이다. 실제로 클리닉을 찾는 분들 중 최근 들어 이런 테크노 스트레스 증상을 보이거나 그로 인한 괴로움을 호소하는 분들이 눈에 띄게 늘어나고 있다.

이런 스트레스는 불안감으로 이어져, 조직 구성원들에게 업무를 더 부담시키는 것으로 나타나기도 한다. 직장이라는 곳이 '업무 분장'이라는 이름으로 각자 할 일을 구분해서 하는 곳인데, 새로운 일이다 보니 아직 업무 분담이 정확히 이루어지지 않은 상태란 점도 이런 상황에 한몫한다. 결국 이런저런 이유로 동료보다 일을 더 많이 할당받은 직원은 지칠 수밖에 없고, 이로 인해 조직 내에 갈등이 발생하기도 한다.

한편, 메신저가 널리 사용되면서, 퇴근 후나 휴일에도 스마트폰을 통해 업무를 지시받거나 처리해야 할 일이 생겨나는 것도 스트레스를 가중시키고 있다. 언제 어디에서나 일을 처리할 수 있는 환경이 된 것은 편리한 일이지만, 그만큼 일과 개인의 삶 사이에 경계

무기력이
무기력해지도록

가 사라지면서 갈등이 심해지고 있는 것이다. 상사 입장에서도 '쉴 때는 연락하지 말아야지' 하면서도, 막상 급한 일이 생기면 해결할 도구가 있으니 잊어버릴까 봐 주말이 지날 때까지 참질 못한다.

업무를 좀 더 효율적으로 하기 위해 도입한 스마트 기술이 도리어 테크노 스트레스를 가중시켜 구성원들에게 불안감과 피로감을 심어주고, 조직 전체의 업무 생산성을 떨어뜨리고 있는 형국이다. 이런 상황에서는 조직 내에 무기력감이 팽배할 수밖에 없다.

어떻게 해야 할까

테크노 스트레스가 조직을 기운 빠지게 하고 있다면, 어떻게 해야 할까?

조직의 경우 새로운 기술을 도입할 때 현재의 업무를 해치지 않도록, 서서히 단계적으로 도입하는 계획을 면밀하게 짜야 한다. 특히, 디지털 기술이 지금 당장 투입될 필요가 없는 분야가 있을 수 있다. 그런 분야에까지 무리해서 신기술을 도입하는 것은 오히려 자충수가 될 수 있으므로, 최대한 기술 도입을 늦춰야 한다. 또, 신기술이 도입되는 분야 중에서도 직접 고객을 대면하고 응대해야 하는 일의 경우에는 스트레스가 가중될 수 있으므로 보조적인 인력을 충원할 필요가 있다.

무엇보다, 조직은 디지털 기술이 아무리 24시간 동안 서로의 연결을 보장한다 할지라도, 정해진 업무 시간 외에 서로 연결되어 구성원이 지치는 일이 생기지 않도록 업무를 잘 디자인해야 한다. 또 지속적인 서비스 개선팀을 구성해 새로운 기술이 잘 적용되고 있는지 파악하고, 부족한 부분은 개선될 수 있도록 끊임없는 노력을 기울여야 할 것이다.

조직뿐 아니라 개인도 해야 할 일이 있다. 먼저, 업무에서나 사생활에서나 스마트폰 등을 통한 디지털 신기술의 도입은 어쩔 수 없는 '넥스트 노멀next normal'이 되었다는 것을 받아들여야 한다. 이런 '받아들임'이 있어야 새로운 프로그램 배우기를 두려워하지 않을 수 있다.

그렇다고 해서, 디지털로 연결되는 기술이 나의 삶을 24시간 내내 지배하게 두어서는 안 된다. 일을 하는 시간과 내 개인적인 시간, 디지털 기술을 활용하는 시간과 활용하지 않는 시간을 각각 시간별·영역별로 잘 분리해야 한다. 이를테면, SNS도 업무용·개인용으로 각각 나누어 운영한다거나, 일과 외 시간에는 업무용 메신저를 꺼둔다거나. 처음에는 이것이 번거롭게 느껴지고 눈치도 보일 수 있지만, 시간이 지날수록 이런 정확한 분리가 있어야 빨리 지치지 않고 롱런할 수 있다는 사실을 깨달을 수 있을 것이다.

몸-마음-정신의 연결 고리

C는 만성 복통과 소화불량으로 내과에서 진료를 받다가 의사의 권고를 받고 나를 찾아온 20대 남성이었다. 내시경도 여러 번하고, MRI 등 다양한 검사를 하면서 약물 치료를 포함한 각종 치료를 했다는데, 차도가 별로 없다고 했다.

"병원에 다니느라 직장도 다 그만뒀어요. 너무 괴로워서 유명하다는 병원이란 병원은 다 가봤는데, 아픈 건 그대로고…. 이젠 메슥거리고 잠도 잘 안 오고 허리 통증까지 심해졌어요. 종일 죽만 먹으면서 침대에 누워서 지내요."

C는 아픈 몸이 정신에 영향을 주어 의지력을 떨어뜨리고 마음

의 문제까지 불러온 케이스였다. 그야말로 악순환의 전형을 보여주고 있었다.

신경성 신체 증상이 위험한 이유

C의 사례에서 보듯이, 반복적이고 만성적인 스트레스는 몸과 마음에 다양한 증상을 일으킨다. 특히, 몸에서 가장 먼저 증상이 생기는 경우가 많다. 소화가 안 되고 속이 더부룩하다. 입맛이 없고 체중이 자꾸 빠진다. 젊은 사람 중에는 반대로 자꾸 폭식을 하는 바람에 살이 많이 쪄버리는 이들도 있다.

또, 간단한 일을 할 때도 피곤함을 자주 느낀다. 두통이나 허리 통증을 느끼는 경우가 많고, 더러 치통이 생기기도 하며, 입 안쪽이 너무 아파서 견딜 수 없다고 호소하는 이들도 있다. 이런 증상들이 모두 앞서 설명한 '신경성 신체 증상'이라고 볼 수 있다. 신경성 신체 증상은 대체로 감정 증상을 동반하곤 한다.

무기력해지고 잔잔한 불안감이 이유 없이 지속된다. 세상 일이 재미없고 의미 없게 느껴지기도 한다. 그러다 보면 세상과 나 자신을 바라보는 생각의 방식(인지 체계)도 바뀐다. 무슨 일을 해도 안 될 것 같고, 나는 내 인생의 실패자라는 생각이 드는 것이다. 이런

무기력이
무기력해지도록

- 무기력감
- 우울감
- 의미 없음
- 불안·초조

- 해도 안 될 것 같음
- 실패자라는 생각
- 도와줄 사람이 없음

감정 증상　　비관적 사고방식

신체 증상　　기능 저하

- 피곤함
- 불면증 혹은 수면 과다
- 두통, 어지럼증, 소화 불량
- 입맛 저하 혹은 과식

- 집중력 저하
- 일 성취도 감소
- 지각, 결석

만성 스트레스로 인한 네 가지 증상

일련의 증상들이 계속해서 나타나게 되면 집중력이 떨어져서 일의 성과도 떨어지고, 지각과 결석도 잦아진다.

계속해서 기력이 떨어지면, 그 자체가 또한 스트레스로 작용한다. 스스로 생각해도 자기가 한심하다고 느끼는 것이다. 급성 스트레스는 아드레날린adrenaline 같은 카테콜아민catecholamine을 분비시켜 정신적으로 긴장하게 만들고, 해마를 자극해 그 일을 잊지 않고 다음에 대비할 수 있도록 해주는 효과가 있다. 하지만, 그 스트레스가 지속되면 코르티솔 같은 스트레스 호르몬이 분비되어 신경의 만성 염증을 일으키고 신경계의 기능 자체를 떨어뜨린다. 그 결과, 건망증이나 늘어짐 같은 증상까지 나타나게 된다.

스트레스 클리닉에 오는 이들은, 대체로 처음엔 마음의 문제가 있어 찾아왔지만 그것이 만성화한 다음에는 공황 장애 같은 불안증, 홧병, 불면증뿐 아니라 알레르기, 기억력 및 집중력 저하, 위장병, 두통에 시달리게 됐다고 토로한다. 심한 경우, 이것이 심장병이나 뇌졸중, 암까지 연결되기도 하니, 스트레스를 그냥 두고 볼 일은 아닌 것이다.

신경성 신체 증상은 '지속성 신체 증상Persistent Physical Symptoms, PPS'이라 불리기도 하는데, 이는 대개 스트레스와 연관되어 있는 편이어서 세로토닌성 항우울제와 인지 치료 등 신경정신과적 치료를 통해 호전되는 경우가 많다. 최신《정신질환의 진단 및 통계 편람DSM-5》에서는 이를 '신체 증상 장애Somatic Symptoms Disorder'라고 명명하면서, '의학적으로 설명되지 않는'이란 말을 뺐고 이것이 얼마나 스트레스와 관련되어 있는지, 일상생활에 장애가 되는지에 초점을 맞추어 진단했다.[1] 그만큼 요통, 복통을 일으킬 만한 실제 원인 질환이 있다 해도 스트레스로 인해 그 증상을 훨씬 더 심하게 호소하는 경우가 많다는 것인데, 그래서 국제질병분류체계ICD-11에서는 간단하게 이를 '신체 스트레스 장애Bodily Distress Disorder'라고 부른다.

무기력이
무기력해지도록

몸과 마음은 하나

신경성 신체 증상은 여러 이유로 만성화하는 경우가 많다. 사회적으로 고립되어 자기 역할이 없어지거나 치료에 진전이 없을 때, 신체 증상으로 인한 좌절 혹은 증상 해소에 집착할 때, 아픈 증상이 '완전히' 낫기 전에는 아무것도 할 수 없다는 생각에 빠져 늘어져 있을 때가 그런 상황이다. 이때는 생리적으로도 자율신경의 부조화가 나타나고, 통증을 조절하는 세로토닌-노르에피네프린 신경 호르몬이 불균형에 빠져 결국 인체의 항상성이 무너진다.[2] 세로토닌, 글루타메이트, 가바 등의 신경 호르몬 및 인터루킨 등의 사이토카인이 중추신경계에서 상호 작용하면서 우울과 무기력이라는 '심리적 문제'가 통증이라는 '신체 증상'으로 전환되어 나타나는 것이다.[3]

결국에는 우울증으로 진단받는 소아·청소년들도 처음에는 복통, 두통 등의 신체 증상으로 병원에 오는 경우가 많고, 요통이나 건망증으로 병원에 왔다가 정신건강 클리닉까지 오는 사례도 많다. 특히, 노인의 경우 심한 건망증으로 치매 검사를 받으러 왔다가 우울증 진단을 받는 '가성 치매' 환자들이 꽤 있다.

반대로, 기존 신체 질환이 있을 경우에도 무기력감이나 우울, 불안 등의 심리적 증상이 잘 발생한다. 결핵이나 에이즈, 바이러스 감염 같은 질병은 면역력을 떨어뜨려 몸의 피로감을 증가시킨다. 특히 암이나 심장병 등이 있을 때 나오는 염증성 사이토카인cytokine(염증 등의 신체 반응 시에 면역 세포가 분비하는 단백질을 통칭하는 용어. 인터루킨, 인터페론, 종양 괴사 인자도 사이토카인의 한 종류이다)은 우울감이나 불안 증상을 증가시키는 효과도 있어서 마음이 튼튼했던 사람에게서도 무기력뿐 아니라, 우울이나 불안 증상을 발생시킨다. 그래서 정신건강 전문의 중에는 내과(복통, 가슴 떨림, 만성 피로, 무기력), 재활의학과, 정형외과(만성 관절통, 요통), 이비인후과(이명, 어지러움), 신경과(두통, 건망증), 치과(치통, 악관절통) 등에서 의뢰받는 환자들의 심리 문제를 전문적으로 다루는 '정신 신체 의학Psychosomatic Medicine'을 세부 전공으로 삼는 사람도 있다.[4]

우울이나 불안, 무기력감 때문에 클리닉에 오는 이들에게는 마음 상태를 묻기 전에 몸 컨디션이 어땠는지를 먼저 물어본다. 피로감이나 무기력, 우울감으로 치료를 시작할 때 가장 먼저 할 일은 신체적인 건강 상태를 평가하는 것이다. 무기력을 일으킬 만한 다른 병이 없는지 평가하면서 동시에 적절한 영양 관리와 운동을 할 수 있도록 권유한다.

그다음에 하는 일이 마음 컨디션 관리다. 이때 마음을 다스리기 위한 자기만의 방법을 스스로 찾을 수 있도록 돕는 것이 전문가의 역할이다. 아무리 사랑하는 가족이라도 오랜 시간 아프다고 하면

무기력이
무기력해지도록

힘들고 지겨워지게 마련이다. 무슨 수를 써서든 나 스스로 기운을 차리고 알아서 잘살아야 가족들과도 좋은 관계를 유지할 수 있는 법이다.

　나이가 들어갈수록 신체의 건강이 마음의 건강도 좌우한다는 이야기에 더 공감할 일이 많아질 것이다. '건강한 몸에 건강한 정신이 깃든다'는 말, 예나 지금이나 틀림없는 진리다.

1부를 보면서, 이제 자신의 무기력이 어디에서 기인한 것인지 확실

히 알아챘을 것이라 믿는다. 원인을 알았으면 문제는 절반 이상 해

결된 것이나 다름없다. 1부에서도 원인을 다루며 그에 따른 해법을

일부 제시해 두었는데, 사실 이것만 봐도 어느 정도 회복의 열쇠는

발견한 것이라 할 수 있다.

"어, 나는 원인이 한 가지가 아니던데?"

이런 말이 튀어나왔다면, 지극히 정상이다. 무기력의 원인은 생각보

다 복잡할 때가 많다. 즉, 앞서 제시한 다양한 원인이 서로 얽혀 복합

적으로 작용할 수 있다는 것이다. 이를테면, 만성 신체 질환을 앓는 기간이 길어지면서 우울증이 찾아와 무기력해지는 경우가 있을 수 있다. 여기에 게으른 천성과 낮은 자존감이 맞물리면, 더더욱 견고한 무기력 상태에 접어들게 된다. 이럴 때는 앞서 제시한 전문적인 질환 치료와 심리 치료를 병행하는 한편, 개인 차원에서도 노력을 기울여야 한다.

지금부터, 당신을 무기력의 바다에서 건져줄 본격적인 해법에 대해 살펴보자.

4장 __

몸을 깨우려면 마음부터 。

일단 결심하라.
그다음 움직여라

"이거, 나 못하는데….''

네 살짜리 한 아이가 있다. 방금 세발자전거를 선물받은 이 아이는 계속해서 이 말만 한다. 어른들이 "한 번만 타 봐"라고 자꾸 타일러도 엄마 뒤에 숨어 도통 자전거 근처에도 가려 하지 않는다. 그런가 하면, 남의 세발자전거인데도 일단 타보려고 뛰어가는 아이도 있다. 아무리 "그러면 안 된다, 다친다"라고 말려도 직접 해보지 않으면 배기지 못하는 그런 아이들이다.

이런 차이는 아마도 선천적인 기질과 환경이 복합적으로 작용해 생겨날 것이다. 그러나 한 살, 두 살 나이를 먹어갈수록 적극적이고 무모하던 아이도 무언가를 시도할 때 머뭇거리는 일이 잦아진다. 섣불리 달려들었다가는 잃을 게 있을지도 모른다는 걸, 괜히 잘못 뛰어들었다가 귀찮은 일만 더 생길 수도 있다는 걸 알아버렸기 때문이다.

그러나 무기력에서 벗어나려 할 때는 가장 먼저 '앞뒤 재지 않고 일단 뛰어들고 보는 아이의 마음가짐'이 가장 필요하다.

매일 글쓰기의 힘

당장 무엇부터 해야 할지 모르겠다면, 오늘 하루 있었던 일과 내 생각을 정리하기 위해 일기를 쓰는 것부터 시작하면 어떨까. 물론 이 역시 쉬운 일은 아니다. 하지만 바깥에 나가야 한다거나 별다른 준비를 할 필요도 없이 종이와 펜, 마음가짐만 있으면 누구나 할 수 있는 것이니, 그나마 진입 장벽이 가장 낮은 미션 아닐까 싶다. 이렇게 쉬운 미션을 가지고 '무기력에서 벗어나기 위해 무언가 시도해 보기'의 첫 단추를 끼워보자. 조금 더 어려운 일을 해내기 위한 일종의 연습이라 생각해도 좋다.

이런 생각을 가진 사람이 비단 나뿐만은 아닌 것 같다. 그도 그럴 것이, 새해가 되면 꼭 예쁜 다이어리를 사는 이들이 많다. 마음

무기력이
무기력해지도록

속에 흘러다니는 글을 남기거나, 매일 계획을 세우고 일기를 쓰려고 다이어리를 사는 것인데, 1주일 이상 지속적으로 글을 쓰는 것에 실패하거나 애초 목적을 달성하지 못하는 경우가 대부분인 것 같다. 요즘은 좀 더 접근성이 좋은 스마트폰 앱으로 다이어리를 대신하는 이들도 많은데, 그렇다고 이를 더 꾸준히 쓰는 것 같지도 않다.

그럼에도 왜 자꾸 일기를 쓰려는 사람들이 많은 걸까. 무기력에서 벗어나는 데 도움이 된다는 점 외에, 일기 쓰기는 또 무엇에 좋을까.

먼저, 하루를 돌아볼 수 있다. 바쁜 시간을 보내고 나면 무엇을 하며 하루를 보낸 것인지 당최 정리가 안 될 때가 많다(어제 있었던 일도 잘 기억나지 않을 때가 대부분이다!). 그러나 하루의 일을 차곡차곡 기록하다 보면, 후회되는 일, 잘한 일도 보이게 마련이다.

이를 통해 둘째, 자기 자신을 더 잘 알게 된다. 연예인이나 정치인이 아니고서야 내가 하는 말과 행동을 리뷰하고 평판을 관리해줄 사람을 따로 두기란 거의 불가능한 법이다. 그러나 일기를 쓰게 되면 자신의 말과 행동을 돌아보게 되어, 자기 자신과의 대화가 가능해진다. 소설《빨강머리 앤*Anne of Green Gables*》의 주인공 앤도 일기를 쓰며 서운한 감정을 다스리고, 내일의 삶을 위한 새로운 용기를 내곤 했다.

그러다 보면 셋째, 그 하루가 차곡차곡 쌓여 나의 인생 기록이 만들어진다. 그 기록을 몇 년 후 다시 읽어보다가, 문득 수년이 지나도 별로 자라지 않은 내 생각의 키를 깨닫고 부끄러움을 느낄 수도 있지만, 미워했던 사람에 대한 새로운 통찰을 얻게 되기도 한다. 또, 혹시 아는가. 나이 들고 나서 이 기록들을 가지고 나만의 멋진 자서전을 쓸 수 있을지.

물론, 글 쓰는 능력과 생각 정리하는 능력이 향상되는 것은 덤이다.

작가 프란츠 카프카Franz Kafka는 공무원으로 일하며 글을 썼고, 스물여섯 살부터 죽을 때까지 일기를 썼다고 한다. 그 일기를 정리한 책[1]을 보면 본인이 하루 중 만난 사람, 대화한 내용, 자신이 꾼 꿈 등에 대한 기록이 자세히 담겨 있다. 삶에 대한 불안과 글쓰기를 하며 느끼는 초조함도 많이 엿보인다. 아마도 그는 그런 힘든 감정과, 그럼에도 불구하고 계속 기록하는 힘을 토대로《변신Die Verwandlung》같은 훌륭한 작품을 여럿 남길 수 있었을 것이다.

왜 시작하지 못하는 걸까

작가든 작가가 아니든, 글을 쓰는 게 어렵기는 매한가지다. 이

무기력이
무기력해지도록

때도 역시 앞뒤 재지 않고 일단 뛰어들고 보는 아이의 마음가짐이 절실히 필요하다.

일단 시작하면 '자이가르닉 효과Zeigarnik effect'가 작용한다. 자이가르닉 효과란 러시아의 심리학자 블루마 자이가르닉Bluma Zeigarnik이 명명한 개념으로, 무언가 해야 할 일이 남아 있을 때, 그것을 잊지 못하고 계속 찜찜한 기분을 느끼는 현상을 말한다. 이는 우리 뇌가 일단 시작한 것을 '작업 기억working memory' 공간에 올려놓고 완성하려는 경향이 있기 때문에 나타나는 것이다. 우리에게는 한두 줄 글을 끄적여두면, 딴짓을 하면서도 틈틈이 그것에 대해 생각하고 결국 이야기의 빈 곳을 채워가는 인지적 능력이 있다.[2] 나 역시 논문이나 글을 쓸 때 제목과 단어 몇 개를 써놓고(전두엽에 올려놓고) 며칠을 지내고 나면 이후 놀랍게도 내용이 술술 써지는 경험을 하곤 했다.

"이론은 알겠는데, 그래도 힘들어요. 무언가를 시작할 엄두조차 안 나는걸요."

이렇게 호소하는 분들도 있다. 특정한 사건이나 상황으로 인해 그러는 거라면 괜찮지만, 만약 스스로 느끼기에 병적일 정도로 무언가를 시작하지 못하는 경우가 잦다면, 다음의 몇 가지를 점검해봐야 한다.

○ **최근 좌절했던 기억이나 충격적인 사건으로 우울 감정에 깊게 빠져 있는 건 아닌가**

우울증의 기본 증상은 의욕 없고, 세상 일에 재미를 느끼지 못하는 것이다. 이 상태에서 무언가 시작하지 못한다고 해서 자책할 필요는 없다. 전문가를 만나보거나, 그것이 망설여진다면 스트레스 레벨과 우울 증상을 체크하는 설문 혹은 앱[3]으로 자신의 증상을 확인해 보고, 어떤 권유를 하는지 들어보자.

○ **지나치게 완벽을 추구하는 경향은 없는가**

의대생 시절 두꺼운 해부학 책 수십 페이지를 며칠 안에 공부해 시험을 봐야 하는데, 앞부분 몇 페이지를 지나치지 못하고 한 문장 한 문장 확인하느라 시험 전까지 책 전체를 다 보질 못하던 동기가 있었다. 그는 작은 것 하나도 포기하지 못하는 강박적인 성격 탓에 학기 내내 심하게 마음고생을 했다.

꼭 모든 사항을 꼼꼼하게 체크한다고 해서 일이 더 완벽해지는 건 아니다. 자꾸 되돌아보고 점검하다 보면 진도가 잘 나가질 않는다. 따라서 일단 계획대로 쭉 진행한 후 다시 확인하는 게 더 효과적일 때가 많다. 지나친 완벽 추구는 불안 증상을 일으키고 강박 증상으로까지 이어질 수 있다.

무엇이든 완벽하게 해내려다 일을 미루는 것이 습관화된 사람은 불안이나 공포 감정을 일으키는 편도체가 더 크고, 불안을 다스리기 위해 활성화하는 배측전방대상피질dorsal Anterior Cingulate Cortex, dACC의 반응은 느리다는 심리학 연구 보고가 있다. 편도체가 큰 사람은 행동 결과에 대해 불안감을 더 느낄 수 있고, 이 때문에 일을 시작하기 전 망설이거나 미루는 경향이 있다는 것이다.[4] 즉, 미루는 습관을 가진 사람은 방해가 있거나 불안해질 때 이를 조절하는 힘이 부족해 아예 시작을 못 하게 된다.[5] 너무 완벽하게 하려는 경향이 일의 시작을 방해하는 셈. 처음부터 완벽하게 해내려 애쓰지 않아도 된다는 것이다.

○ 무엇을 위해 이 일을 하는가

내담자와 이야기를 나누다 보면 "그 일을 해서 이루려고 하시는 목표가 뭔데요?"라는 질문에 선뜻 대답하지 못하는 경우를 자주 보게 된다. 의외라고 생각할 수도 있지만, 가만히 보면 우리가 무엇을 하려 할 때 목표가 불명확한 경우가 예상보다 꽤 많다. 입학, 자격증 취득, 승진 등은 사실 궁극적으로 추구하는 '목표'가 아니라, 중간 지점의 '이정표'에 불과한 것일 수 있다. "목표가 무엇이냐?"는 질문은 결국 "당신은 인생에서 무엇을 하고 싶은가?"라는 질문이다. 목표가 없으면 삶의 동력이 사라져 아무것도 하기 싫어지는 이유다.

친구들이 다 공부하니까 학원이나 독서실에 가기는 간다. 그러나 공부의 근본적인 목적이 무엇인지는 생각해 본 적 없다. 그저 좋은 대학에 가기 위해, 부모님을 만족시켜 드리려고, 정도의 막연한 생각만 갖고 있다. 이렇게 되면 어느 순간 내가 왜 공부를 하고 있나, 하는 회의에 빠지면서 스스로를 납득시키지 못해 거대한 무기력증에 휩싸일 수 있다.

○ 너무 어려운 일부터 하는 건 아닌가

일이건 공부건 쉬운 것부터, 내가 이해하고 정리하기 편한 것부터 해야 더 복잡한 일을 해낼 수 있다. 그렇지 않으면 쉽게 질릴 수밖에 없다. 수학의 기초도 없는 학생이 마음잡고 공부를 시작하면서, 반에서 1등 하는 친구가 본다는 어려운 참고서부터 편다고 생각해 보라. 진도가 제대로 나갈 리 있겠는가?

나 역시, 새로운 영역의 공부를 시작할 때는 대중을 위해 쉽게 쓰인 책을 여러 권 읽으며 큰 뼈대와 흐름을 먼저 이해하려 한다. 그다음, 좀 더 세부적인 사항을 깊이 있게 다룬 책을 찾아 읽으며 내가 익힌 지식의 뼈대에 살을 입히는 과정을 반복한다. 그렇게 하면 시작할 때의 부담도 적고, 관련 분야를 공부하는 데 드는 시간도 오히려 절약된다.

무기력이
무기력해지도록

일단 시작하기 위한 전략

쉽사리 시작하지 못하는 당신, 이유를 파악했다면 이제 어떻게 잘 시작할 수 있을지 그 방법을 찾아보자. 정신건강 전문의들은 무작정 시작하는 것도 좋지만, 가능하다면 몇 가지 전략을 이용하라고 권한다.

○ 내 목표가 무엇인지 확인하고, 그에 따라 계획을 세운다

이달 안에 달성해야 할 목표를 정할 수 있다면, 오늘 무엇을 해야 할지도 정할 수 있다. 큰 목표에 따른 작은 목표들을 세우고 어디에든 써놓자.

○ 일의 마감 시간을 정한다

내가 임의로 정한 마감 시간이라 해도, '언제까지 반드시 해내야 한다'는 인지가 있는 상태와 없는 상태는 마음가짐 면에서 큰 차이가 있을 수밖에 없다. 작은 목표들 하나 하나에 마감 시간을 정하되, 대략적인 시간 말고 구체적인 시간으로 하자.

○ 쉬는 시간을 정해 놓는다

집중해서 일하거나 공부하는 시간 사이 사이에 쉬는 시간을 정해놓아야 일이나 공부의 효율성도 높아진다. 단, 사람마다 집중력이 지속되는 시간은 다양하다. 자신의 집중 지속 시간을 파악한 후, 그에 맞게 '50분 일/공부, 10분 휴식'으로 정해도 좋고 '30분 일/공부, 5분 휴식'으로 정해도 상관없다. 단, SNS나 메신저 등은 쉬는 시간에 확인하는 게 좋다.

○ 정한 계획은 언제든 수정할 수 있다

오늘 계획한 일을 다 해내지 못하는 것은 흔한 일이다. 또 일이나 공부를 하다 보면 내 수준에 따라 그 속도나 목표를 조정해야 하는 경우도 자주 생긴다. 그럴 때는, 주저하지 말고 계획을 수정하자.

이제 내 삶의 일기장을 펼쳐 놓자. 그리고 일단 시작하자. 삶이 내 이야기를 알아서 써줄 것이다. 다만 명심하자. 내가 움직이지 않으면 할 이야기도 없을 거라는 걸.

예술이
잠든 세포를 깨운다

기운 빠지고 의욕이 떨어진 날, 아주 많이 지쳐 우울할 기운도 없는 날, 당신은 무엇을 하며 시간을 보내는가? 짐작컨대, 음악을 듣거나 유튜브 영상, 영화, 드라마를 본다고 답하는 이가 많을 것이다. 직접 음악을 연주하거나 노래방에 가서 목청껏 노래를 부르는 이도 있을 것이다.

나 역시 어린 시절 아무도 없는 오후, 소파에 앉아 TV를 보다가 지겨워질 때쯤이면 크로매틱 하모니카를 집어 들고 아는 노래를 모두 소환해 가며 연주자 흉내를 내곤 했던 기억이 있다. 그마저 지겨워지면 익숙한 책을 집어 들기도 했다. 억울하게 야단맞은 날,

라디오에서 제멋대로 흘러나오는 국악방송을 몇 시간이고 멍하니 들으며 아무 말 없이 마음을 달랬던 기억도 또렷하다. 나름대로 팍팍한 시간을 보내던 전방 군의관 시절에는 명화 읽기에 관한 책을 수십 권씩 읽으면서 적적한 마음을 달래기도 했다. 요즘도 외국 학회에 갈 때면 그 도시의 미술관에 들러 책에서 보던 그림들을 한참 동안 바라보곤 한다.

다양한 예술 치료 활동

알고 보면, 이런 내 행동에는 '치유'의 힘이 있던 거였다. 실제로, '예술 치료'라는 것이 있다. 감성적·육체적 표현을 이용해 자기 감정을 드러내도록 함으로써, 자기도 모르는 자기 마음을 관조할 수 있게 해주는 치료법을 말한다. 흔히 알려진 미술, 음악, 춤 외에 연극이나 색칠, 종이 접기 등의 활동도 넓은 의미의 예술 치료라 할 수 있다.

시나 소설 같은 문학 작품을 읽는 것도 '문학 치료' 혹은 '독서 치료'란 이름으로 치료 영역에 포함된다. 문학 치료란 치료자가 클라이언트의 필요에 따라 시, 소설, 에세이 혹은 영화나 다큐멘터리를 함께 감상하고 이를 소재로 하여 치료적 대화와 '마인드 텔

링Mind-telling'을 하는 것이다.[6] 말로 표현하지 못하는 내면의 불편감을, 예술을 통해 언어적·신체적으로 표현할 수 있게 하고, 잠재적 긴장감과 불안을 감소시켜 주는 것이다.

정신건강 클리닉을 운영하는 의사 중에는 예술 치료를 적극적으로 이용하는 이들이 있다. 이들은 음악 감상 정도에 그치지 않고 직접 노래와 연극을 만들기도 하면서 내담자의 마음 건강을 관리하기도 한다. 아예 오페라단 단장까지 하는 정신건강 전문의도 있다. 그의 클리닉에 가면 마치 미술 전시장이나 음악 감상실에 온 것 같은 느낌마저 든다.

정신건강 전문의뿐 아니라, 심리, 미술, 음악 치료 전문가들이 모여 임상예술학회 등 다양한 학술 단체를 구성해 활발히 활동하기도 한다. 그런가 하면 유튜브 채널 중에는 드라마나 영화, 게임을 같이 보면서 의학과 마음 이야기를 해주는 정신건강 전문의도 찾아볼 수 있다. 이처럼 의사들도 적극적으로 나서서 치료에 예술 활동을 활용하고 있다.

음악은 뇌파를 조율한다

인간의 뇌는 신경다발로 이루어져 있다. 신경과 신경 사이에서는 도파민, 세로토닌 같은 신경 호르몬으로 정보가 전달되지만, 신경줄 안에서는 마치 전기줄처럼 전기 신호를 통해 정보가 전달된다. 그때 발생하는 파형을 '뇌파腦波, brainwave'라고 부른다. 뇌파는 얼마나 빠른 주파수를 보이느냐에 따라 다음과 같이 몇 가지로 구분된다.

○ **델타파(0.1~3Hz)**

수면파. 깊은 수면 중일 때 발생하기 때문에 '무의식의 뇌파'라고도 불린다. 뇌의 가장 깊숙한 곳(연수, 뇌간)의 정보를 반영하며, 직관력과 관련되어 있다.

○ **세타파(4~7Hz)**

나른한 뇌파. 수면파보다 좀 더 활동적인 파로, 감정 및 감성 영역과 관련되어 있다. 예술 활동을 할 때나 감성이 충만할 때 측정된다. 창조력, 통찰력과 연관되어 있지만, 세타파가 너무 많으면 나른하고 집중력이 저하되는 무기력 상태가 될 수 있다.

○ **알파파(8~12Hz)**

휴식파. 눈을 감고 긴장을 푼 안정·휴식 상태에서 발생된다. 주의력 및 학습 능력과 관련된다.

무기력이
무기력해지도록

○ 베타파(13~30Hz)

긴장파. 긴장하고 집중을 시작할 때 발생한다. 활동량이 많은 낮 시간의 80퍼센트가 이 뇌파인데, 이것이 너무 많으면 불안 증상이 발생한다.

○ 감마파(31~50Hz)

흥분파. 가장 활동적인 뇌파. 불안하거나 흥분하면 나타난다.

스트레스받을 때 명상을 하면 좋다는 이유는, 눈을 감고 천천히 숨을 쉬면 뇌파가 알파파 리듬으로 내려가 안정과 휴식을 취할 수 있기 때문이다. 빗소리나 파도 소리, 계곡 물소리 등의 ASMR도 일정한 리듬의 소리를 들으면서 외부적으로 뇌파를 좀 더 느린 파형으로 만들어준다.

한때 '모차르트 효과'라는 말이 유행했던 적이 있다. 조화롭게 만들어진 음악을 들으면 뇌의 집중도와 활성도가 올라가 지능도 좋아진다는 것인데, 부모들 사이에서 특히 관심이 높았다. 모차르트의 유명한 세레나데[7]를 들으면 약 14Hz의 알파파를 자극하는 것을 느낄 수 있다. 따라서, 공부하기 전에 마음을 고르며 안정을 취할 때 듣기 좋다.

모차르트 효과를 주장하는 사람들은 특정 음악[8]을 들으면 공간 지각 등의 지능이 좋아진다고 주장했는데, 메타 분석 연구에서는 이 주장의 과학적 근거가 희박한 것으로 보고되었다.[9] 좋은 음악을 듣는 것이 마음의 안정에 도움을 주는 것은 맞지만, 어쨌든 맹신은 금물인 듯싶다. 오히려 여러 연구를 종합한 체계적 분석 연구에서는 어떤 종류의 음악이든 상관없이 듣는 사람의 선호도에 따라 음악을 듣는 것이 우울 증상을 호전시키고, 행복감을 증진한다고 했다는 사실을 기억하자.[10]

음악을 직접 연주하는 것도 비슷한 효과를 보인다. 학교에 적응하지 못하는 초등학생들에게 악기 연주나 노래 부르기 등을 통해 자기 표현을 이끌어내고 대화하는 음악 치료를 시행했더니, 적응 수준과 우울 증상이 호전되었다는 연구가 있었다.[11] 아기가 쉽게 잠들지 못하고 칭얼거릴 때 엄마가 리듬에 맞춰 등을 가만히 토닥여주면 곧 안정되듯이, 음악도 우리 몸을 자극해 마음을 안정시켜주는 것이다.

이에 따라, 뇌파 안정에 효과가 좋다는 음악을 제시하는 곳이 많이 있다. 대개 음악의 파형을 기준으로, 집중력을 올려주거나 이완과 수면 유도를 할 수 있는 음악들을 골라 이야기한다. 그러나, 이에 대한 의학적 근거는 충분하지 않은 것으로 보인다. 굳이 전문가의 음악이 아니더라도 샤워하거나 걸으면서 좋아하는 음악을 흥얼대거나 듣는 것도 뇌파를 자극하는 효과가 있다고 하니, 그런 활동을 할 때마다 지친 자신을 위한 일종의 셀프 힐링을 한다고 생각하는 게 맞겠다.

내 감정을 관조하게 해주는 미술

미술품을 보고 그림 그리는 것 역시 감정을 북돋아주고 기력을 회복시켜 준다. 《적과 흑Le Rouge et le Noir》의 작가 스탕달Stendhal은 피렌체 우피치 미술관에서 명화를 감상하다가 심장이 빨리 뛰면서 무릎에 힘이 빠지는 증상으로 병원 치료까지 받게 되자, 이후 이를 명화로 인한 감정적 각성과 흥분 때문에 일어난 일로 기술했다. 그다음부터 이런 현상을 '스탕달 효과Stendhal syndrome'라고 부른다. 실체는 불분명하지만 아직도 이런 증상의 환자가 종종 발생한다고 하니, 미술품의 감동이 마음을 깨어나게 하는 극단적 사례 정도로 볼 수 있겠다.

스탕달 효과까지는 아니어도 미술 치료는 그리기, 색칠하기 등의 미술 작업을 통해 감각 기능을 살리고 신체 기능을 발전시키는 효과가 있다. 또한, 창조적 작업은 마음을 환기하면서 슬픔을 가라앉히고 정신을 안정시키는 데 도움을 준다. 다양한 표현을 통해 심리적 욕구와 충동, 갈등 해소를 돕는 컬러링북이 꾸준히 판매되는

데에도 이러한 효과가 한몫했을 것으로 보인다. 정신건강 클리닉이나 상담 센터에서도 심리 검사나 상담에 그림을 적극적으로 이용하는 경우가 많다. 소아, 청소년 등 내담자의 숨겨진 마음을 끌어내고 자극하는 도구로 그림을 사용하는 것이다.

국내의 한 연구에서는 가족을 잃고 사별 반응을 겪는 이들에게 그림 그리기를 이용한 상담을 하는 것이 건강한 애도 반응을 이끌어낼 수 있다고 보고하기도 했다.[12] 또, 독거 노인들을 대상으로 냄비 받침, 바구니, 밥상보 등의 공예품을 만들게 하는 90분짜리 미술 치료를 10회 하고 난 후, 노인들이 무기력감을 포함한 우울 증상이 개선된 것은 물론 삶의 질이 나아졌다고 답한 경우도 있다.[13] 국내 미술 치료 논문 51편을 종합 분석한 연구에서는 그림 그리기를 하면서 과거를 이야기하는 회상 기법을 주로 사용한 결과, 유년 시절, 고향, 결혼, 친구 등 과거의 따뜻하고 행복했던 기억들을 재경험함으로써 우울이나 불안 증상이 나아지고 만족감이 증가했다고 보고했다.[14]

굳이 미술 치료에 참여하지 않고 명화 감상을 하는 것만으로도 무기력 극복에 도움이 된다. 한가하고 조용한 분위기 속에서 은은한 조명이 비치는 미술관을 천천히 걸으며, 다양한 색감과 스토리를 전달하는 그림을 보는 것은 마음속 잔상을 다스리는 효과가 있다. 마치 그림 속 전쟁 장면이나 오열하는 모습을 바라보듯이, 내

무기력이
무기력해지도록

마음속 분노와 미움, 화를 한 걸음 떨어진 채 관조할 수 있게 되는 것이다. 이는 마음의 리듬과 박자를 외부에서 들려주는 음악과도 비슷하다 하겠다. 굳이 치료라는 말을 붙이지 않더라도 그림과 음악을 감상하는 것은 그 자체로 휴식인 동시에, 마치 노동요처럼 잡념을 밀어내면서 마음의 박자를 맞춰주는 메트로놈과도 같이 기능한다.

한 가지, 유념할 점은 예술 하나만을 가지고 모든 치료를 해낼 수 있다고 하는 사람이 있다면 그는 사기꾼이라는 것이다. 예술 활동뿐 아니라, 식물을 가꾸는 것이나 마음 이야기를 나누는 것 역시 치유 효과가 있다고 하니, 어쩌면 우리가 일상에서 할 수 있는 여러 활동에도 치유 효과가 알게 모르게 숨어 있는 것일지 모르겠다. 내게 치유가 되는 이런 활동들을 찾아내 두었다가, 무기력이 찾아왔을 때 슬쩍 시작해 보는 것도 좋은 방법이 될 수 있는 것이다.

나도 꽤 괜찮은
사람이라는 감각

앞서 자존감의 주요소를 언급하며 '자기효능감'에 대해 이야기한 바 있다. 자기효능감은 무기력에 빠진 인간이 행동 변화를 보이고 삶의 경로를 성취의 방향으로 돌릴 수 있도록 돕는 가장 필수적인 요소라고 볼 수 있다. 워낙 중요한 개념인 만큼 한 번 더 자세히 다루어보고자 한다.

자기효능감이란 개념을 제시한 이는 미국의 심리학자 앨버트 반두라Albert Bandura 박사다. 그는 자기효능감에 대해 이렇게 이야기했다.[15]

"내 능력에 대한 타인의 믿음은 실제로 내 능력에 큰 영향을 준

무기력이
무기력해지도록

다. 능력이라는 건 고정된 것이 아니며, 사람에 따라 실제 실행되는 수준performance에는 엄청난 차이가 있다. 자기효능감이 있는 사람은 실패를 이겨낸다. 이들은 일이 잘못될까 걱정하기보다 어떻게 이 문제를 다룰 것인가에 더 집중한다."

자기효능감의 필수조건, 지구력

자기효능감이란 무언가를 하려고 할 때 "나는 해낼 수 있다"고 믿는 것, 즉 나 자신에 대한 기대와 신념이라고 할 수 있다. 이를 다른 말로 '자기효능성에 대한 기대' '자기효능성에 대한 신념'이라고도 하는 이유다.

초등학생 대상의 한 연구에서는 자기효능감이 낮을수록 무기력 증상이 심하고, 자기효능감의 요소 중 특히 '자신감'이 낮을수록 무기력이 심하다고 밝혀졌다.[16] 대학생의 경우에도 자기효능감이 높을수록 삶의 동기와 의욕이 커져 학습 몰입도가 증가하고, 학교생활 적응과 학업성취도도 높아지는 것으로 나타났다.[17] 알레르기성 비염과 천식 환자 대상의 한 연구에서는 자기효능감(자기조절 효능감, 주위 사람 도움 효능감, 환경 통제 효능감, 어려움 극복 효능감)이 사회적 지원 등과 더불어 건강과 삶의 질 수준에 긍정적인 영향을

준다고 보고했다.[18]

실제로, 무슨 일을 하든 일이 잘 풀리면 잘 풀릴수록 더 즐거워져 열심히 하게 마련이다. 반면, 일을 해도 성과가 잘 나오지 않거나 어찌해야 할지 잘 모르는 일을 할 때는 의욕이 사라지고 쉽사리 움직이지 않게 되는 경향이 있다. 시작만 해놓고 딴짓을 하거나 늘어져 있게 되는 것이다.

자기 능력에 대한 믿음은 내가 해낼 수 있을 만한 일을 선택하고, 그 일을 지속적으로 진행할 수 있게 해준다. 즉, '이 일을 하겠다'라고 결심한 사람은 자신이 잘 해낼 수 있는 일을 선택하고, 또 그 일을 지치지 않고 밀고 나간다. 어떤 종류의 일이든 간에 완성에 이르려면 다음의 세 단계를 거쳐야 한다.

- 1단계. 기본 체력을 갖추고 있다.
- 2단계. 일단 시작한다.
- 3단계. 지속적으로 밀고 나간다.

이 세 단계를 모두 해내는 사람에게 우리는 '지구력'이 있다고 말한다. 지구력은 타고나는 능력이라기보다는 마라톤 훈련처럼 키워지는 근성에 가까운 것으로 보인다.

지구력을 키우려면 처음부터 끝까지 단번에 해내려고 하는 '조급증'을 버려야 한다. 대신, 최종 목표까지 단계를 몇 가지로 나누고, 각 단계마다 작은 목표를 세워 이를 하나씩 밟아가며 성취해 나가는 것이 중요하다. 이는 마치 맛집 도장 깨기를 하는 것과도 비슷하다. 한두 가지 작은 목표들을 이루고 나면 자신감도 충만해질뿐더러 흔쾌히 더 많은 노력을 기울일 수 있는 힘이 생긴다. 그러다 보면 이룰 수 있는 성취 수준이 높아지고, '자기 자신에 대한 긍정적인 자아상self-image'을 형성하는 데도 한층 가까워진다. 어쩐지 아기가 한 발, 두 발 떼며 걷다가 스스로 박수를 치며 기뻐하는 모습이 상상되지 않은가?

자기효능감을 키우는 방법

자기효능감은 다음의 네 가지 방법을 통해 커진다. 바로, '수행 성취' '대리 경험' '언어적 설득' '생리적-정서적 피드백'이다.[19]

○ 수행 성취

작은 일을 이뤄냄으로써 자신감이 높아진다는 것이다. 거듭 지적했다시피, 사소해 보일 수도 있는 작은 목표를 이루어가는 것이 중요하다. 아침에 정해진 시간에 눈을 뜨는 것, 매일 저녁 1시간

혹은 20~30분씩 집 근처를 산책하는 것에서부터 출발해 보자. 작은 묘목을 뛰어넘기 시작해 나중에는 키 큰 나무를 뛰어넘었다는 홍길동의 이야기를 되새겨보라.

○ **대리 경험**

내가 하려는 일을 먼저 성취한 사람들의 이야기를 읽고서, 그들을 모델로 삼아 따라 해보는 것이다. 주변에 공부를 열심히 하는 친구를 많이 둔 아이가 그렇지 않은 아이보다 공부 시간이 더 길고, 운동 잘하는 친구들 옆에 있는 친구가 운동 잘할 확률이 더 높은 법이다. 속담처럼 '친구 따라 강남 가는' 것이 인간의 심리다. 나보다 먼저 태어나 인생을 오래 살았던 이들의 경험담을 듣거나, 다큐멘터리를 보며 감명받는 것도 좋은 방법이다. 요즘, 인생과 마음, 자기계발에 대한 다양한 유튜브 강연이 인기를 끌고 있는 게 다 이유가 있는 셈이다. 때때로 누군가 이렇게 해서 원하는 것을 얻었단 사실을 알게 되면 내가 지금 하는 일에 대한 의구심도 덜어낼 수 있게 된다.

○ **언어적 설득**

나를 알아봐주는 사람에게 격려와 지지를 받을 때, 나의 장점과 능력이 강화된다는 말이다. 세상에는 앞에선 친구라고 하면서 뒤에선 내 험담을 하거나, 내가 잘되는 걸 그리 달가워하지 않는 이들도 많다. 그저 나를 자신의 들러리 정도로 생각하고 자기 뒤에 두려는 인간도 있다. 이런 사람은 되도록 멀리하자. 그 대신 나를 진짜 인정해 주고 칭찬해 주면서, 내가 더 성실하게 다른 방향으로 무언가를 시도해 보도록 진정성 있는 말을 해주는 사람이 주변에 없는지 찾아보자. 떠오르는 사람이 있다면 아주 큰 행운이다. 내가 믿는, 나에게 좋은 충고를 해줄 수 있는 그 사람에게 먼저 다가가 대화를 청하는 것도 좋겠다.

○ 생리적-정서적 피드백

내가 해내고 있는 일에 대해 스스로 어떻게 느끼는가에 대한 이야기이다. 일이나 공부, 운동을 하면서 막연히 불안하진 않은지, 자꾸 배가 아프진 않은지, 아니면 편안한 기분인지 등을 잘 느끼는 것이 중요하다. 무언가 하려 할 때 자꾸 걱정이 들고 염려가 되면 자기효능감은 낮아지게 마련이다. 무언가 좋은 일이 생길 거라는 편안한 마음, 내가 하는 건 아슬아슬하다가도 결국 잘되더라는 좋은 스릴을 느낀다면 결국 그 일은 잘될 것이다.

기억할 점이 있다. 어느 한 가지를 잘하지 못한다고 해서 다른 행동도 그럴 거라는 생각은 틀렸단 것이다. 나는 책이나 영화를 많이 보고 생각을 잘 정리하는 편이지만, 공으로 하는 운동은 영 젬병이다. 그래서 운동에 관한 자기효능감은 영 낮지만, 책 읽기나 말하기에 대한 자기효능감은 높은 편이다. 내가 잘하는 것이 무엇인지 생각해 보고, 그 분야를 좀 더 뾰족하게 만드는 것도 자기효능감 증진의 한 방법이라는 이야기이다.

5장 __

집 나간 활력 불러들이기 。

쉬는 데도
요령이 있다

'쉼'을 뜻하는 영어 'rest(relief, recumbency, repose)'의 어원이 된 고대 영어 'ræste'는 'rasta'라는 고대 독일어와 'rost'라는 고대 스칸디 나비아어에서 유래했다. 이 단어들은 우리가 아는 '휴식'이라는 뜻 외에 '수마일의 거리' 또는 '몇 마일의 거리를 지나온 뒤의 휴식'을 뜻하기도 한다.

한자어로는 '휴식'을 '休息'이라고 쓰고 '하던 일을 멈추고 잠깐 쉼'이라 정의한다. 같은 뜻을 가진 말로 '休憩(휴게)'를 쓰기도 한다. 눈치챘겠지만, 고속도로를 달리다 잠깐 쉬는 '휴게소'에서 그 말을 쓰고 있다.

무기력이
무기력해지도록

한편, 농촌진흥청에서 발간한 〈농업용어사전〉에서는 휴식을 "하던 일을 멈추고 잠깐 쉬는 것으로서, 권태감이나 피로를 예방하기 위해 편안한 자세로 있거나 가벼운 운동을 통해 혈액순환 등을 행하는 것"으로 정의한다. 그저 쉬는 것뿐 아니라 가벼운 운동 등을 통해 좀 더 적극적인 몸의 기운을 회복하는 것까지 휴식으로 본다는 것이다.

몸과 마음의 이완

하버드대학교 메사추세츠 종합병원에서 '마음-신체 클리닉mind-body clinic'을 처음 개원하여 마음챙김 명상을 의학의 영역에 도입한 허버트 벤슨 박사Dr. Herbert Benson는 '쉼'이라는 말을 '이완 반응 relaxation response'이라 표현하면서, 어떤 사람의 스트레스에 대한 감정적·물리적 반응을 변화시켜 깊은 안식의 단계에 돌입시키는 것이라고 말했다.

긴장 상태에서 오랜 시간 일에 몰두하다 보면 스트레스를 많이 받는 것은 물론, 일이 끝난 이후에도 쉽게 쉬어지지 않는 경우가 많다. '쉬어지지 않는다'는 게 무슨 말일까. 이를테면 이런 것이다. 종일 고되게 일하다 밤늦게 퇴근한 날, 얼른 씻고 잠자리에 들어도 몸은 피곤한데 잠은 오지 않아서 하염없이 TV 리모컨이나 스마트폰을 만지작거리다가 새벽에야 겨우 잠든 경험 말이다. 이렇게 잠들고 나서 몇 시간 자지도 못하고 부랴부랴 일어나 출근 준비를 할 때면 세수를 하면서도 눈을 뜰 수 없는 기현상(!)이 발생하기도 한다.

이런 고단한 현대인의 삶에 대해 염려한 벤슨 박사는 제대로 된 마음과 몸의 이완을 위해서는 다음의 몇 가지 조건이 필요하다고 지적했다.

- 조용한 곳을 찾을 것
- 마음을 의지할 무언가를 찾을 것
- 수동적인 태도로 '그저 흘러가게' 둘 것
- 몸을 편안한 자세로 둘 것

즉, 제대로 쉬려면 몸과 마음이 같이 쉬면서 긴장을 풀어내야 하는데, 그러려면 우선 몸을 편안하게 만들고, 그에 걸맞게 마음도 편안하게 만들어야 한다는 것이다. 이렇게 하면서, 마음속 온갖 흘러가는 생각들을 들여다보고, 그 안에 묻어 있는 감정들을 분리해내는 과정이 바로 '마음챙김 명상'이라 할 수 있다.

무기력이
무기력해지도록

무기력을 물리치는 '쉼'의 방법

평소 마음챙김 명상을 제대로 할 수 있다면 휴식에 큰 도움이 되겠지만, 이것이 쉽지 않다는 이들도 많이 만나게 된다. 이분들에게는 조금 더 보편적인 방법들을 권한다.

우선, 제대로 쉬려면 쉼의 '목적'부터 정확히 따져보아야 한다. 그것은 물리적·신체적 활동을 중단하고 내 삶의 문젯거리 및 할 일 들에서 한 발짝 떨어져 있는 시간을 갖기 위한 것이다. 그리하여 내 몸의 기력을 회복하고, 소진된 마음 에너지와 의욕을 충전하려는 것이다.

수십 킬로미터를 행군하는 군인들은 처음부터 끝까지 걷기만 하는 것이 아니다. 일정한 거리를 걷고 나면 휴식을 취한다. 땀을 씻기도 하고, 지친 다리를 어루만지기도 하고, 신발 끈을 고쳐 매기도 한다. 이런 시간을 '정비 시간'이라고 한다. 물건을 생산하는 공장에서도 기계 고장이 없는지 확인하고 기름을 치면서 근로자들이 지친 몸을 쉬게 하는 시간을 정기적으로 갖는데, 이와 비슷한 개념이라 볼 수 있겠다.

우리의 휴식도 이와 같아야 한다. 계속 늘어져만 있으면 오히려 더 아무것도 하기 싫어질 뿐이다. 무기력을 털고 일어나기 위한 방법으로서 쉼을 잘 활용해야 한다.

그 구체적인 방법을 몇 가지 알아보자.

○ 잠자기

수면은 몇 단계로 나뉜다. 먼저 잠에 빠져들기 시작하는 1단계, 맥박이 느려지고 체온도 떨어지기 시작하는 2단계까지를 '얕은 수면'이라 부른다. 이후 '깊은 수면'에 빠져 몸을 치료하는 3, 4단계로 접어든다. 마지막으로, 몸은 움직이지 않지만 뇌는 깨어나 꿈을 꾸는 '렘Rapid Eye Movement, REM' 수면에 들어간다. 이렇듯 '얕은 수면 → 깊은 수면 → 꿈 수면' 단계를 거치는 데 약 1시간 30분이 걸리는데, 하룻밤 동안 이를 대여섯 차례 반복하고 나면 아침에 눈을 뜬다.

정신의학적으로 보면, 우리는 자는 동안 낮에 있었던 일을 머릿속으로 정리한다. 해마와 편도체에 일시적으로 저장된 사건과 감정 들을 정리해 장기 기억으로 갈 것들은 측두엽 등 뇌의 다른 부위에 저장하고, 지워도 될 일이나 사건에 묻은 감정을 털어버린다. "난 스트레스받으면 자면서 풀어"라고 하는 사람들의 말이 틀린 게 아닌 것이다.

잠을 자는 동안 우리 몸은 활동 중 손상된 조직을 없애고 재생시킨다. 뇌 세포에 쌓인 유해 단백질 등 노폐물을 뇌 신경계 밖으로 배출하기도 한다. 또, 충분한 시간 동안 잠을 자게 되면 아드레

무기력이
무기력해지도록

날린이나 프로스타글란딘prostaglandin 같은 호르몬이 감소하면서 면역계의 T세포 활동도가 증가해 면역 기능이 활성화된다. 이런 이유로, 잘 자지 못하는 교대 노동자나 과로하는 노동자 들이 감기에 잘 걸리는 등 면역력이 약해질 때 발생하는 증상을 많이 보이는 것이다.

잠을 제대로 자지 못하면 스트레스에 대한 저항력이나 뇌하수체-송과체-부신의 호르몬 순환 균형이 깨져 혈당과 인슐린 수치가 올라가면서 당뇨병 같은 대사성 질환이 생길 가능성도 커진다. 뿐만 아니라, 잠이 부족해 계속 피로를 느끼다 보면 스트레스가 쌓여 식사 습관도 엉망이 되고 체중 관리도 어려워진다.

자, 이제 왜 잘 자는 것이 중요한지 확실히 이해했을 것이다. 이런 이유로, 나 역시 지치고 스트레스받은 날에는 일단 잠을 잔다. 주중에 충분히 자지 못하고 바쁜 시간을 보냈을 때는 주말에 몰아서 자기도 한다.

그럼 잠자는 시간은 어느 정도여야 할까. 보통은 평균 7~7시간 30분 정도 자는 것이 이상적이라고 한다. 하지만, 현대인이 이 정도 시간 동안 자기란 쉬운 일이 아니다. 아침 일찍 일어나 학교나 회사에 가고 저녁에 야근을 하거나 사람을 만나거나 이것저것 하다 보면 어느새 자정을 훌쩍 넘기기 일쑤다. 이럴 땐 나처럼 주말에 몰아서 밀린 잠을 자는 것도 괜찮다고 한다.

이것도 힘들 때는 적어도 2단계 수면까지 들어갈 정도의 낮잠을 잠깐 자는 것이 집중력과 정신력을 유지하는 데 도움이 되고, 작업 능률도 향상시키는 것으로 알려져 있다. 그러니, 전날 잠을 좀 못 잤다거나 오전에 스트레스를 많이 받았다면 점심 시간을 이용해 20~30분 정도 짧은 낮잠을 자는 것도 좋겠다.[1]

○ 산책하기, 정원 가꾸기

가까운 거리를 가볍게 산책하는 것도 좋은 쉼의 방법 중 하나다. 특히, 숲을 산책하면서 스트레스가 해소되는 효과에 대해서는 다양한 연구가 이루어지고 있다. 숲길을 산책하는 것이 부모의 양육 스트레스를 감소시켰다는 연구도 있고,[2] 116명의 암 환자들을 대상으로 주 3회, 40분간 걷게 하고 12주 후 비교해 봤더니 산책하지 않은 그룹에 비해 산책한 그룹이 불안과 우울 증상이 낮아졌다는 이중맹검 연구도 보고되었다.[3] 대학생과 대학원생 들을 6주간 주 1회씩 숲길을 산책하게 했더니 건강 증진 활동과 부교감 신경의 활성도는 증가하면서 우울증 정도는 감소했다는 국내 연구도 있다.[4] 단순히 점심 시간에 잠깐 걷는 것만으로도 긴장 이완을 일으키는 부교감 신경이 더 활성화할 뿐 아니라, 우울 증상도 완화된다는 사실이 놀랍기만 하다.

이제, 효과를 알았으니 식사하고 나서 바로 일이나 공부를 시작

무기력이
무기력해지도록

하지 말고, 30분 정도 근처 산책길을 걸어보자. 이런저런 생각은 그저 흘러가게 두자. 사고 전환이 일어나 머릿속을 떠나지 않던 스트레스로부터 자유로워질 것이다.

정원 가꾸기도 비슷한 효과가 있다. 국내외 여러 연구를 종합한 메타 분석 연구를 보면, 정원 가꾸기는 불안, 화, 우울감, 긴장감을 감소시키고, 피로 회복 및 활력 증진 등 전반적인 건강 상태에 대한 느낌이 좋아지도록 하는 것으로 나타난다.[5] 지치고 허전할 때 화초에 물을 주고 잎을 닦아주며 교감해 보자. 마음을 전환하고 다스리는 데 효과가 있을 것이다.

○ 운동하기

휴일이나 퇴근 이후, 시간을 정해놓고 피트니스 클럽 등에 가서 열심히 운동하는 사람들이 점점 많아지고 있다. 기질상 운동을 별로 좋아하지 않는다고 하는 사람도 많지만, 사실 자꾸 몸을 움직이고 운동을 해야 무기력에서 벗어날 수 있는 법이다.

실제로, 적절한 수준의 운동을 하고 나면 스트레스도 풀릴뿐더러 뇌의 기능도 좋아진다. 청소년에게 유산소 운동을 시키고 나서 뇌 전두엽의 실행 기능을 측정하는 '스트룹 검사stroop test'를 시행했더니, 정보 처리 속도와 판단력, 자제력 등의 실행 기능이 더 좋아졌다는 연구 보고도 있다.[6] 학교에서 국어, 수학 등 책상머리 교육만 하는 것이 아니라, 몸을 움직이고 뛰어다니는 체육 활동을 꾸준히 해야 하는 이유가 여기에 있다. 책상에 오래 앉아 있을수록 공부를 잘하는 게 아니란 것이다.

여러 연구를 종합해 보면, 신체적인 운동은 뇌 예비력을 증가시켜 치매 같은 퇴행성 뇌 질환을 예방하는 효과도 있으며, 특히 성인기의 운동은 기억력 등 인지 기능 저하를 늦추는 효과도 있다. 신경 탄력성 또는 회복력이라 부르는 '리질리언스resilience'를 증진시켜 우울증과 각종 스트레스성 질환을 이겨낼 수 있게 도와주기도 한다.

운동은 '자살 사고自殺思考'도 감소시킨다. 고려대학교 연구팀에서 국민건강영양조사 자료를 분석한 연구[7]에 따르면 운동량이 낮은 그룹의 자살 충동 비율은 9.1퍼센트인 데 반해 적당히 운동하는 그룹은 6.6퍼센트로 약 1/3 감소했다(과한 운동을 한 그룹의 자살 충동은 별로 감소하지 않았다). 이때 적당한 운동이란 다음의 세 가지 경우를 의미한다.

- 하루 최소 20분, 1주일에 3일 이상의 격렬한 신체 활동
- 하루 30분 이상 1주일에 5일 이상 걷기
- 앞의 두 가지를 적절히 조합하는 운동

무기력이
무기력해지도록

결과적으로, 운동은 노화를 예방하고 세포를 건강하게 유지할 수 있게 해준다. 다만, 쉬는 시간 없이 오랫동안 지속적으로 운동을 하게 되면 염증을 자극하는 각종 사이토카인을 증가시켜 오히려 신체 기능이 퇴화할 수 있다.[8] 따라서, 운동을 할 때도 '쉼'은 중요하다. 뭐, 운동이라는 게 원래 힘들다 보니 어쩔 수 없이 중간에 쉴 수밖에 없는 경우도 있을 것이고.

운동 중간에는 어떻게 쉬는 게 좋을까? 포항공과대학교 연구팀은 노인을 대상으로 웨이트 트레이닝을 하도록 한 다음 그냥 안정을 취한 그룹과 가볍게 걸은 그룹, 스트레칭하면서 쉰 그룹을 나누어, 휴식 방법에 따른 신경 영양성 인자 및 각종 호르몬 변화를 측정해 비교하는 연구를 진행했다. 그 결과, 노인의 신경 영양성 인자와 에스트로겐, 멜라토닌 등 노화 관련 호르몬의 긍정적인 변화를 위해서는 그냥 아무것도 하지 않고 쉬는 것보다 스트레칭이나 걷기를 하는 것이 더 낫다는 결론을 보고했다.

농사처럼 온몸의 근육을 사용하는 작업을 한 이후에도 그냥 앉거나 누워서 쉬기만 하는 것보다는 쉬는 것과 체조를 함께하는 방법이 훨씬 피로도 감소에 효과적이라는 연구 보고도 있다.[9] 결과적으로, 쉴 때도 그냥 늘어져 있는 것보다는 가볍게 몸을 움직이며 흥분하고 긴장된 몸 근육을 '식혀주는 운동cool-down exercise'을 하는 것이 훨씬 좋은 것으로 판단된다.

정리하면, 적절한 근력 운동과 유산소 운동은 뇌 기능에 좋으므로 꾸준히 해주는 게 좋다. 격렬한 운동이나 작업을 한 이후에는 그냥 쉬는 것보다는 가벼운 스트레칭 등으로 몸을 풀어주는 운동을 병행하는 게 회복에 더 도움이 된다.

○ 수다 떨기

쉬는 시간에 친구나 가족, 동료와 이런저런 이야기를 나누는 것에도 피로를 풀어주는 효과가 있다. 특히, 무용담을 늘어놓듯이 그날 있었던 일을 이야기하는 것은 마치 마음 굴뚝을 청소하는 것과도 같은 '환기ventilation' 효과가 있다. 한마디로 속이 시원해지는 것이다.

대부분의 경우, 그저 말을 하는 것만으로도 기력이 회복되고 스트레스가 감소된다. 그중에서도 오늘 나와 갈등이 있었던 누군가에 대한 불만을 털어놓으며 상대방과 서로 맞장구를 치다 보면 마음의 피로가 확실히 줄어든다.

단, 어떤 상황에서든 지나친 음주는 금물이다. 과음은 분노를 심하게 표출하도록 부추기는데, 이렇게 실제로 누군가와 싸우지 않더라도 그 대상에게 분노하는 것만으로 내 건강에는 악영향을 미칠 수 있기 때문이다.

좋은 휴식의 원칙

이렇게 다양한 방법으로 쉴 때도 몇 가지 원칙은 필요하다. 다음을 명심하자.

○ 쉬는 시간에는 늘 하는 일과는 좀 다른 일을 할 것

근육 운동을 할 때도 굽히는 운동을 주로 했으면 쉬면서는 반대로 근육을 이완하는 동작을 해야 하는 법이다. 이는 일하고 쉴 때도 마찬가지다. 온종일 모니터 앞에서 공부나 일을 했던 사람이 퇴근 후에도 계속 태블릿 PC와 스마트폰을 들여다보는 것은 이미 혹사했던 뇌와 몸을 또 한 번 혹사하는 행동이다. 긴 시간 동안 책상에 앉아 일을 했다면 쉴 때는 책상을 떠나 몸을 움직여야 한다. 이와 달리, 몸으로 일하고 난 후에는 좀 누워서 근육과 관절을 쉬게 하는 시간을 가져야 한다.

○ 잘 쉬기 위해 시간 계획을 세울 것

인간이 편안한 상태를 선택하는 것은 너무나 당연한 일이다. 어쩌면 일하기 싫어하는 것은 누군가에게 본능과도 같은 게 아닐까 싶다. 그렇다 보니, 이런 본능이 한번 발동되면 무한정 늘어질 수도 있는 것이다. 종일 몸을 쓴 이후에 잠시 누워 쉬기로 했다면,

30분 또는 1시간 이내로 시간을 제한하자. 그저 '좀 나아질 때까지'라고 했다간 계속 일어나지 않게 될 것이다. 아이들이 게임할 때의 기본 원칙은 무조건 게임을 못 하게 강제하는 것이 아니라, 스스로 게임하는 시간을 미리 계획해서 정해진 만큼 하도록 의논하는 것이다. 쉬는 것도 마찬가지다.

○ 운동과 쉼 사이에 균형을 잘 잡을 것

휴식의 목적이 육체적인 피로를 회복하고 지친 뇌의 실행 기능과 메마른 감성을 재충전하려는 데 있음을 기억하자. 온전히 쉬어야 하는 시간에도 죽어라 몸을 혹사할 만큼 운동에 집착하는 것은 오히려 몸과 마음을 더 지치게 할 뿐이다.

○ 내 휴식의 시간은 나 혼자만의 것이 아니라 내 가족과 함께하는 것임을 기억할 것

"나 오늘 너무 힘들어."

쿨하게 한마디 내뱉고 퇴근하자마자 곧장 방으로 들어가 나오지 않는 배우자. 아이에게 밥을 먹이고 설거지하고 아이를 씻기고 재우는 일까지 해야 오늘 할 일이 마무리되는 상황에서, 이런 말을 듣는 사람은 황당할 수밖에 없다.

"나 도저히 이거 못 하겠어. 대신 좀 해줄래?"

무기력이
무기력해지도록

회식 다음 날, 몸이 좀 안 좋다며 자기 일을 무작정 떠넘기고 계속 자리에 엎드려 있는 동료. 똑같이 술 마시고 똑같이 집에 늦게 들어가서 나도 힘들어 미칠 지경인데, 일을 떠안은 사람은 기가 막힐 수밖에 없다.

'나는 힘드니까 무조건 쉬어야 한다'는 일념으로 다른 이에게 피해를 주는 건 그야말로 이기적인 행동이다. 이렇게 해서 얻은 휴식은 '나쁜 쉼'일 뿐이다. 내 휴식은 타인의 희생을 전제하지 않아야 한다는 점을 명심하자.

잘 먹는 게
남는 것

피곤하고 기력이 부족하다 싶으면 무언가 먹을 것을 찾는 게 자연스러운 본능이다. 코르티솔 등 스트레스 호르몬이 쌓이면, 식욕이 자극되어 허한 느낌이 들고 먹을 것을 찾게 되기도 한다. 하지만 실제 필요한 영양소가 부족하기 때문에 허전함을 느끼는 것일 수도 있다.

미국인 중 만성 피로를 호소하는 사람의 80퍼센트는 병원을 찾기 전, 마사지나 허브 테라피 등 대체 요법을 이용한다.[10] 우리나라도 예외는 아니어서 특히 피곤함을 느낄 때면 그 원인을 찾기에 앞서 너도 나도 홍삼부터 찾는 이들이 많다. 이들의 선택은 정말 옳

무기력이
무기력해지도록

은 걸까?

2016년 국립암센터 연구진이 홍삼에 피로 해소 효과가 있는지 임상 시험 데이터를 분석한 적이 있다. 결과는, 아쉽게도 '홍삼이 피로를 해소한다고 단언할 수 있는 근거가 부족하다'는 것으로 나왔다.[11]

그럼에도 인삼 혹은 홍삼이 수백 년 이상 우리나라 사람들에게 쌓아온 신뢰 덕분인지 피로 회복과 활력 증진을 위한 홍삼 소비량은 별로 줄지 않는 것 같다. 특히, 홍삼에 포함된 사포닌이 혈액 순환 및 신진대사를 촉진하고 항산화 효과를 보이며 기억력 증진에도 도움이 된다는 믿음이 굳건하다.

그 효능이 완전히 증명되지 않는데도 한국인과 홍삼의 '라포rapport'는 여전히 좋은 편이니, 홍삼 복용은 각자 잘 판단해 선택할 일이다.

꼭 알아야 할 필수 영양소들

'적정영양센터Institute for Optimum Nutrition'의 설립자로 영양과 음식을 통한 심리 문제 해결을 모색하는 심리학자 패트릭 홀포드Patrick Holford는 뇌의 건강을 위해서는 어떤 음식을 먹건 간에 당분glucose, 필수 지방산essential fats, 인지질phospholipids, 아미노산amino acid, 비타민vitamin, 미네랄mineral 등 기본 영양 성분의 밸런스를 잘 맞춰야 한다고 말한다. 당분은 뇌에 에너지를 공급하고, 필수 지방산과 인지질은 세포의 기본 구성을 결정짓는 재료가 되며, 아미노산은 도파민, 세로토닌 등의 신경 호르몬을 만들어내는 기본 원료가 된다. 이에 따라 탄수화물과 지방, 단백질의 현명한 섭취가 필요하다.[12]

비행기 조종사들의 피로도 감소를 위한 연구에서는 충분한 수분 섭취를 권하는 한편 지나친 카페인 섭취가 탈수를 유발할 수 있다고 경고한다. 또 단백질 및 비타민, 무기질 등의 필수 영양소를 섭취하되, 잠자리에 들기 전에는 고탄수화물 섭취를 제한할 것을 제안한다.[13]

다음은 하버드 의대에서 신체 건강 전반에 중요하다고 보고한 필수 영양소들이다. 이 영양소들은 대부분 신체 기능, 특히 뇌 기능(인지 기능)을 유지시켜 줄 뿐만 아니라, 기분을 편안하게 만들어 주는 역할을 한다.[14]

○ **비타민 A**

눈 건강 및 면역 기능에 중요한 역할을 하며, 항산화 기능도 있다. 비타민 A를 충분히 공급받으면 건망증 같은 인지 기능 저하를

무기력이
무기력해지도록

늦출 수 있다. 달걀, 간, 버터, 당근, 시금치, 케일 등에 많이 함유되어 있다.

○ 비타민 B군

세포에서 에너지를 생성하고 DNA를 수리하고 복구하는 역할을 한다. 적혈구 생성에도 영향을 주고 기억력 개선에도 효과가 있어서, 알코올 의존증을 가진 입원 환자에게 가장 많이 공급하는 영양 성분이기도 하다. 주로 육류와 콩 등에 많으며 비타민 B를 첨가한 시리얼도 좋다.

○ 비타민 C

항산화 작용을 하며 도파민을 생성하고 면역력을 증가시키는데 관여한다. 부신 기능에도 영향을 주어 피로 회복에 도움을 준다. 뿐만 아니라 기억력과 기분 개선 효과도 있다. 키위, 시금치, 케일, 오렌지, 토마토 등에 많이 들어 있다.

○ 비타민 D

뼈 건강과 신경계 건강에 도움이 되며, 골다공증을 예방해 주고, 세로토닌을 생성시켜 감정 조절 기능에도 도움을 준다. 야외활동이 적으면 결핍될 수 있어 햇빛 아래에서 운동하길 권하며, 기름진 생선이나 우유, 달걀 등에도 풍부하다.

○ **비타민 E**

치매를 예방하는 비타민으로 한동안 유행한 적이 있다. 항산화 효과와 세포막 안정 기능이 있어 신경계의 정보 전달이 잘 이루어지게 해준다. 올리브 기름이나 견과류, 아보카도, 아스파라거스에 풍부하다.

○ **오메가-3**

비타민 F라 불릴 정도로 중요한 성분이다. 항염증 작용뿐 아니라, 세포 기능을 안정화해 우울증과 불안장애를 예방하는 효과도 있다고 보고되고 있다.[15] 시판용 오메가-3를 먹으면 비린내가 난다는 사람도 있으니, 음식으로 복용하는 것도 좋겠다. 생선이나 해조류, 호두 등에 풍부하다.

○ **콜린** choline

벼락치기 공부나 암기에 작용하는 아세틸콜린의 기본 재료가 되는 성분. 콜린이 부족하면 알츠하이머 치매에 걸릴 수도 있다. 달걀 노른자, 우유, 닭고기, 땅콩, 소고기, 간 등에 풍부하게 함유되어 있다.

무기력이
무기력해지도록

○ **칼슘**

뼈를 단단하게 해줄 뿐 아니라, 세포에 염증이 있을 때 나오는 사이토카인과 신경 호르몬이 잘 나오도록 해주어 뇌 기능을 안정화하는 데 중요한 역할을 한다. 정어리 등 생선, 우유, 두부, 양배추 등에 많다.

○ **마그네슘**

근육, 혈관 등 다양한 세포 반응에 필수적인 작용을 한다. 신경계를 안정시키는 역할도 하고 있어서, 불안 증상 완화에도 영향을 준다. 견과류나 시금치, 콩, 현미, 우유, 코코아, 바나나 등에 풍부하다.

○ **철분**

혈액 및 적혈구 건강, 신경 호르몬 합성에 필요한 요소다. 철분 부족은 건망증이나 우울증, ADHD, 피로감 증가와 연관이 있다. 육류 및 생선, 콩, 시금치, 달걀, 건포도 등에 풍부하다.

○ **기타**

아연, 셀레늄, 구리, 칼륨, 요오드, 아르기닌 등이 필요한 성분인데, 이에 따라 주로 굴, 견과류, 해조류, 달걀, 건포도, 유제품 등을 권한다.

꼭 섭취해야 할 필수 음식들

수많은 전문가가 추천하는 좋은 음식 중 겹치는 것, 필수 영양소 측면에서 꼭 필요한 것만 모아보면 다음과 같다.

○ 카레

강황에서 추출한 쿠르쿠민curcumine 성분이 우울 증상이나 기억력 회복에 도움을 준다.

○ 연어

오메가-3와 비타민 D가 풍부하다.

○ 견과류(호두, 아몬드, 땅콩 등)

단백질, 섬유소, 마그네슘이 풍부하다.

○ 생선

단백질 및 오메가-3가 많이 함유되어 있다. 경희대학교 식품영양학과 연구팀은 국민건강영양조사 데이터 분석 연구에서 생선을 1주일에 네 번 이상 먹는 사람은 한 번 미만으로 먹는 사람에 비해 우울증에 걸릴 확률이 48퍼센트나 낮다고 보고한 바 있다.[16] 생선

에 풍부한 DHA, EPA 등 오메가-3 지방산이 우울증 예방 효과를
보이는 것이다.

○ 다크 초콜릿

다크 초콜릿 성분 중 페닐에틸아민phenethylamine은 코르티솔 수
치를 낮춰주는 역할을 한다. 따라서 초콜릿을 고를 때는 설탕을 최
소화하고 카카오 함량이 높은 것으로 해야 한다.

○ 브로콜리

칼슘, 비타민 K가 풍부해 골다공증 및 위장 질환 예방에 도움을
주며, 염증 반응도 억제한다. 특히 브로콜리에 포함된 비타민 C는
레몬의 두 배라고 보고되었다.

○ 포도

비타민, 유기산, 수분, 당분, 안토시아닌anthocyanin과 레스베라트
롤resveratrol 같은 항산화 물질을 함유하고 있다.

○ 토마토

글루타민산glutamic acid이라는 아미노산이 풍부하다. 이는 피로
회복에 도움이 되는 것으로 알려져 있다.

○ 계란 노른자

메티오닌methionine 성분이 풍부한데, 이는 피로 물질 분해와 활성 산소 제거에 도움을 준다. 판토텐산pantothenic acid 성분도 들어 있어 만성 피로 회복에 영향을 준다.

○ 마늘과 양파

마늘의 알리신allicin과 비타민 B군, 양파의 퀘르세틴quercetin이 활성 산소 제거와 피로 물질 배출에 도움이 된다.

○ 유산균 관련 제품

유산균은 요즘 유행하는 마이크로바이옴microbiome으로, 장내 세균을 다양하게 만드는 효과가 있다. 장내 유익균이 많을수록 체내 염증 물질 생성을 억제한다.

수많은 블로그나 TV 프로그램에서 무기력과 피로 회복, 우울증과 뇌 건강에 좋다는 음식 리스트를 쏟아내고 있다. 그중 제품 판매의 욕심이 섞인 과장된 추천 글은 걷어내자. 무엇이든 지나치게 맹신하지 말고, 제대로 '판단'해야 한다.

주변에는 다이어트를 하겠다고 결심하자마자 다이어트에 도움된다는 음식을 잔뜩 주문하는 사람들이 있다. 하지만 다이어트의 요체는 내 몸으로 들어가는 것보다 소모되는 열량이 더 많아야 한다는 것이다. 먹을수록 살이 빠지게 해주는 음식은 없다. 건강식품도 마찬가지다. "○○에 좋다" "△△병을 예방할 수 있다"는 식의 건강식품 광고가 TV나 SNS에 넘쳐나지만 그렇게 좋은 식품이라면 아마도 종합병원에서 이미 의사들이 처방해 주고 있을 것이다.

어쩌면, 좋다는 것을 죄다 먹는 것보다 때에 따라 먹기를 줄이는 것이 우리의 신체적·정신적 건강에 더 도움이 될지 모른다. 이 사실을 꼭 받아들이자.

운동으로
활기를 끌어올린다

육체적으로 힘든 일을 하고 기진맥진해 있을 때, 정신적으로 완전히 지쳐 있을 때, 사람들과의 관계에 염증을 느꼈을 때 모두 필요한 것은 역설적이게도 '운동'이다.

피로를 대표적 증상으로 가진 질환 중 '다발성 경화증'이 있다. 이 병이 발병하면 면역계가 인체의 신경계를 전기줄 피복처럼 감싸고 있는 수초를 공격한다. 뇌와 척수에서 신경 전달이 제대로 되지 않게 되는 이 병의 대표적인 증상은 시력 저하와 우울 증상, 신체 마비 그리고 피로감이다. 이런 이유로, 영국의 '다발성 경화증 재단MS trust'에서는 난치성 환자들의 피로 관리 가이드를 제공하

무기력이
무기력해지도록

면서, 근력 유지를 위한 피트니스와 적정 수준의 걷기, 몸을 풀어 주는 운동을 규칙적으로 할 것을 권한다.[17]

　피로가 많이 나타나는 또 다른 질병 '암'의 경우도 마찬가지다. 의학 연구를 종합해 평가하고 권고안을 제공하는 것으로 세계적인 명성을 지닌 '코크란 연합Cochrane Collaboration'에서는 암 환자의 피로 회복을 위한 운동 요법의 효과를 정리하면서, 가벼운 유산소 운동과 스트레칭을 권한다. 역시 피로감 호소가 흔한 '섬유근통증후군fibromyalgia' 환자들을 대상으로 운동이 피로 회복에 미치는 영향을 다룬 연구 스무 개를 종합 분석한 메타 연구에서는 유산소 운동이 중등도 수준으로 피로를 개선한다고 보고했다.[18]

　운동을 하면 오히려 피곤하기만 하다고들 하는 '만성 피로' 환자들에게서는 지속적인 운동이 어떤 효과를 보일까? 코크란 연합에서 환자 1,518명 대상의 여덟 개 연구 결과를 리뷰한 결과, 약물이나 마사지 등 수동적인 치료를 받는 것에 비해 자발적으로 하는 운동이 확실히 피로를 감소시킨다고 보고했다.

　자, 이제 운동이 이런저런 질환을 가진 사람에게 보조적인 치료 효과가 있다는 걸 충분히 알게 됐을 것이다. 그렇다면, 몸이 건강한 이들에게는 이보다 훨씬 도움이 되리라는 걸 어렵지 않게 짐작할 수 있을 것이다.[19]

굳은 몸을 풀어주는 스트레칭

장시간 동안 같은 자세로 있다 보면 몸이 굳는다. 모든 운동을 하기 전에는 워밍업을 위해 굳은 몸을 풀어주는 것이 기본이다. 몸을 예열하고 부상을 방지하기 위해서다. 피트니스 센터에서 근력 운동을 시작하기 전과 끝낸 후, 모두 스트레칭을 권하는 것도 이런 이유에서다.

대한산업보건협회에서 제안한 '피로 푸는 스트레칭'을 따라 해보자. 동영상을 참고해도 좋다.[20]

○ 서서 늘려주기

어깨 정도 넓이로 서서 양손 깍지를 낀 채 천장을 향해 최대한 팔을 쭉 뻗는다. 양손이 천장에 닿는다는 느낌으로 늘려주면 전신 근육이 늘어난다. 가슴, 등, 이두근, 전완근 스트레칭이 되며, 척추 교정 및 자세 교정에 도움이 된다.

○ 양손 깍지 낀 채 가슴 펴주기

어깨 정도 넓이로 서서 양손을 뒤로 깍지 낀 채 가슴을 최대한 편다. 숙달되면 양손을 엉덩이로부터 점점 멀리 들어 올린다. 가슴, 어깨 전면, 이두근, 전완근이 스트레칭되는 것을 느낀다.

무기력이
무기력해지도록

○ 한쪽 손목으로 다른 쪽 팔 당기기

이 운동은 특히 어깨 후면 스트레칭에 좋다. 어깨 정도 넓이로 서서 한쪽 팔을 쭉 펴고 반대편으로 팔을 둔다. 이때 다른 쪽 손목을 지긋이 눌러 당겨준다. 양쪽 어깨 높이를 비슷하게 하는 것이 좋다.

우울증을 쫓아내는 걷기와 달리기

코로나 시대에는 외출이 두렵다. 대중교통을 이용하는 것도 불안해서 집에서 지내는 시간이 길어진다. 신체 활동이 줄어드는 것은 체력 저하를 부르고 더불어 사람을 무기력하게 만든다. 운동을 하지 못해 심혈관계 순환 기능이 떨어지고, 인체의 염증 지표도 높아진다.[21] 반대로, 운동을 하고 나면 인터루킨 등의 항염증 지표가 증가한다.

그러므로, 걸어야 한다. 걷는 것은 신체적·정신적 스트레스와 무기력감 해소에 도움을 준다. 호주 여성 1,000여 명을 10년간 추적 관찰한 여성 건강 코호트 연구에서는 중등도의 운동, 가벼운 걷기만으로도 우울증으로 고통받는 여성의 삶의 질이 개선되었다고 보고했다. 1주일 기준 평균 150분의 가벼운 운동(골프, 테니스, 에

어로빅, 수영, 라인 댄스)을 하거나 1주일에 200분을 걷는 여성은 스스로 느끼는 에너지 수준이 높고, 사람들과도 더 잘 어울리며 감정적으로 더 편안하다.[22]

걷기와 가벼운 달리기의 장점은 사람마다 감당할 수 있는 수준의 속도와 거리를 알아서 정할 수 있다는 것이다. 전 올림픽 국가대표 마라토너 김원식은 평소 운동을 하지 않던 사람이라면 걷기부터 시작하라고 조언한다. 충분히 몸을 적응시킨 다음 걷기와 뛰기를 병행하고, 익숙해지면 완전한 조깅을 하라고 한다. 달리기의 목적은 속도를 올리는 것이 아니라 체력과 건강을 향상하는 것이므로, 전신의 힘을 빼고 자기 페이스로 30분에서 1시간, 주 3회 정도 천천히 달리는 것을 권한다.[23]

그날의 컨디션과 건강 상태, 체력 수준에 따라 마음 편한 장소와 시간을 정하자. 다른 운동과 달리 걷거나 달리는 데는 돈도 전혀 들지 않는다는 걸 기억하자. 꼭 전문 러너처럼 운동복을 갖춰 입을 필요도 없다. 편한 옷을 입고 일단 집 밖으로 나서는 것이 중요하다.

요즘 같은 시절에는 타인과 충분한 거리를 둘 수 있는 한적한 야외에서 걷거나 달리는 것이 좋다. 달리기에 빠져들다 보면 어느 순간 엔도르핀이 분비되는 러너스 하이에 빠져 자기도 모르게 무아지경을 느낄 수도 있겠지만, 그렇게까지 하지 않더라고 시원한 바깥 공기를 쐬며 다리를 펴는 것만으로도 충분히 의미가 있다. 걷기부터 시작하자.

기분 상태를 끌어올리는 근력 운동

러닝 머신에서 몇 킬로를 달리거나 무거운 기구를 몇 시간 동안 들어 올리는 정도는 해야 몸이 개운하다고 하는 이들이 있다. 본인의 SNS에 엄청난 무게를 들어 올리는 사진을 올리며 자랑하는 이들도 있다. 이런 이들이 주로 하는 게 '저항 운동resistance training'이라고도 불리는 근력 운동이다. 근력 운동은 '근육량과 근력, 근지구력 등 파워 향상을 위해 디자인된 운동'을 말한다. 흔히 동네 피트니스 클럽에서 PT를 받을 때 하는 운동들을 가리킨다.

근력 운동은 기분이 좋아지게 만든다. 총 1,800명을 대상으로 저항 운동의 우울증 치료 임상 시험 서른세 가지를 분석한 메타 분석 연구에서는 주 2~3회의 저항 운동을 하면 경도나 중등도의 우울증이 유의미하게 호전된다고 보고했다. 미국의사협회 학술지에 실린 이 결과[24]에 따라, 나도 클리닉에서 만나는 내담자에게 걷기 등의 유산소 운동과 근력 강화 운동을 같이 할 것을 권한다. 특히 남성의 경우에는 근력이 떨어지고 근육 양이 적을 때 우울증이 더

많이 발생한다는 걸 기억하자.[25]

매트를 깔고 오늘 당장 근력 운동을 시작해 보자. 홈트레이닝 동영상을 틀어놓고 그냥 따라 하기만 해도 된다. 시간적·금전적 여유가 있다면 가까운 피트니스 클럽을 찾아가 PT를 등록하는 것도 좋겠다.

결국에는 맞춤 운동

운동의 종류는 다양하다. 수영, 자전거 타기, 라인 댄스, 폴 댄스, 플라잉 요가, 발레…. 몸과 마음의 기력을 회복하는 데 무슨 운동이 더 좋다는 식의 연구 결과는 아직 없다. 개인마다 필요한 운동의 종류와 강도는 다르기 때문이다. 비만에 대한 운동 계획을 잡을 때, 특별히 빼고 싶은 부위에 따라 집중하는 운동법과 시간이 다른 것처럼 신체 질환의 유무와 심혈관 기능, 근력, 근육량, 비만도 등에 따라 운동 강도와 집중해야 할 운동 수준도 다른 법이다.

최근 일부 피트니스 클럽에서는 병원 건강진단센터와 협력해 질병 상태와 혈액 검사, 심폐 기능 검사, 운동 기능 검사, 심리적 스트레스 검사를 시행하고, 체력 수준에 따라 맞춤형 운동 계획을 짜주고 있다. 이런 곳의 도움을 받을 수 있다면 좋겠지만 그게 어렵

무기력이
무기력해지도록

고, 특정 질병이나 관절염 등 운동에 제약이 되는 질병을 갖고 있는 게 아니라면, 자신이 어떤 운동을 가장 좋아하는지 먼저 생각하라. 축구, 탁구, 농구 같은 운동을 좋아하는 사람은 이를 함께할 수 있는 클럽에 가입하면 된다. 자전거 타기에 흥미를 느낀다면 혼자 해보거나, 동호회에 들어가 같이할 수 있는 친구를 만드는 것도 좋다. 함께하는 운동이 싫고 혼자 있는 게 좋은 조용한 사람이라면 요가가 제격이다.

중요한 것은 '지속 가능성'이다. 자신이 꾸준히 할 수 있는 운동을 선택하는 것이 무엇보다 중요한 이유다.

회복탄력성에 대하여

같은 스트레스를 겪고도 사람마다 보이는 반응은 다양하다. 어떤 이는 죽을 것 같은 고통에 오랫동안 힘들어하지만, 어떤 이는 비교적 쉽게 상황을 이겨낸다. 이는 개인에 따라 리질리언스의 수준이 다르기 때문이다. '심리적 회복력' '신경 탄력성' 또는 '회복탄력성'으로도 불리는 리질리언스는 삶의 역경을 극복하고 스트레스 이전의 적응 수준으로 회복하는 마음의 힘을 말한다. 반대 개념을 가진 말로는 '취약성vulnerability'을 들 수 있다.[1] 햇빛에 바짝 마른 장작처럼 작은 불꽃에도 쉽게 불타버린다는 의미다.

클리닉에서는 고무줄이 한껏 당겨져 있는 상황을 심한 '스트레스 상태'라 가정하고, 힘든 상황이 지난 다음 신경줄이 탄력성 있게 제자리로 돌아가는 힘을 '회복력'이라고 설명한다. 이는 용수철을 당겼다가 놓았을 때 제자리로 돌아가는 능력이라고도 할 수 있다. 체력이 약하거나 스트레스가 만성적일 때는 마치 오래된 고무줄처럼 균형 잃은 신경이 제자리로 쉽게 돌아가지 못하기 때문에 체력 관리와 마음 관리를 해야 하고, 필요한 경우 약물 치료와 상담 치료도 해야 한다고 말한다.

회복력은 스트레스나 트라우마로부터의 회복, 저항 그리고 재구성의 과정으로 나누어 이해할 수 있다. 이 힘은 개인의 타고난 특성trait뿐 아니라, 현재의 상태state가 어떠냐에 따라 다르게 나타난다. 다시 말해, 개인의 타고난 체력, 성격과 더불어 외부 환경의 영향을 같이 받는 것으로서[2] 치료할 때도 항상 내부와 외부의 심리, 사회적·생물학적 요인을 함께 고려해야 한다.

회복력이 낮아지는 위험 요인은 만성적인 신체 질환, 경제적인 어려움, 부모와의 이별, 폭력으로 인한 피해 등이 있다. 이것들은 감정과 행동의 문제를 초래하여 회복력을 낮아지게 만든다. 하지만 이들 요인이 있다고 해서 회복력이 무조건 나빠지는 것은 아니고, 당시 상황과 주변 환경 그리고 본인 의지에 따라 다르다. 타고난 성격이 안 좋아서 그렇다거나 혹은 집안이나 주변 환경이 안 좋아서 회복력이 떨어진다고 말하는 것은 지독한 편견의 소치이다.

회복탄력성을 높여주는 요소들

다음의 요소들을 살펴보자. 이는 회복력을 높이는 데 필요한 몇 가지 조건들이다.

○ 감정과 충동을 통제하는 능력

위기를 잘 이겨내고 다시 회복하는 사람들은 좌절과 분노 같은 감정에 휩싸여 돌이킬 수 없는 실수를 하지 않는다. 음주나 말실수 같은 충동을 억제하는 것도 중요한 능력이다.

○ 낙관성

이것은 무조건 잘될 것이라 믿는 이유 없는 낙천성과는 다르다. 현실의 조건과 상황을 고려하고 자신의 노력이 어느 정도인지를 감안한 상태에서 미래의 결과를 기대하는 것을 말한다.

○ 원인 분석 능력

일이 잘되건 실패하건, 그에 합당한 이유가 있다. 그저 운이 나쁜 경우도 있겠지만, 누군가를 탓하거나 자신의 불운함을 자책하는 것이 아니라, 해결 가능한 부분에 집중해서 합리적인 분석을 할 수 있어야 한다. 이는 매우 중요한 능력이다.

○ 공감 능력

자신과 동료들의 감정을 이해하고 그들의 요구를 받아들일 수 있어야 한다. 그러지 못하면 자칫 지원받지 못함에 대한 분노나 질투에 휩싸이기 쉽다. 나뿐 아니라 동료들도 비슷한 어려움을 겪을 것이라는 사실을 이해해야 한다.

○ 높은 자기효능감

내가 과거에 한 일들에 대한 자부심과 앞으로 해낼 수 있는 일들에 대한 자신감을 일컫는다. 이 자신감이 없으면 작은 돌부리에 걸려 넘어지더라도 다시 일어나 걷기 시작할 엄두를 내지 못한다.

○ 쉽게 포기하지 않는 적극적인 도전의식

쓰러지지 않는 오뚜기처럼 한두 번쯤 실패했다고 주저앉지 않는 투지와 배짱이 필요하다.

○ 가정과 사회로부터의 지지

혼자만의 힘으로 다시 일어서기란 쉬운 일이 아니다. 걸음마를 배울 때 조금 떨어져서 박수를 치며 이리 오라고 손짓해 주던 엄마 같은 존재가 옆에 있다면 실패와 무기력에서 벗어나는 게 훨씬 쉬워진다.

○ 긍정적인 인간관계

사회에는 내가 받기만 하는 그런 일방적인 인간관계는 없다. 서로 인정해 주고 도움과 공감을 '주고받는' 건강한 상호 관계를 유지하려고 노력해야 한다.

○ 타인에게 큰 기대를 하지 않는 것

이 일을 해내야 하는 사람은 나 자신이라는 것을 받아들이는 것이 회복력 좋은 사람들의 기본이다. 그렇지 않으면 늘상 타인의 도움을 기대하면서 누군가를 원망하거나 나약한 기다림에 지칠 수도 있기 때문이다.

○ 유머를 잘 사용하는 것

기운 빠질 때 동료와 자신에게 던지는 농담 한마디에는 현재 상황에 좌절하지 않고 새로운 측면을 바라볼 수 있게 만들어주는 힘이 있다. 사고 전환을 통해 다시 한번 도전하고 힘을 낼 수 있는 에너지가 만들어지는 것이다. 마음이 건강한 사람은 현재의 환경 속에서 스스로에게 유머를 던지면서 건강한 미래를 상상한다. 빨강 머리 앤이 소설 속에서 말했던 것처럼 "세상은 생각대로 되지 않지만, 그건 정말 멋진 일 (…) 생각지도 않았던 일이 일어나기 때문"이라고 말할 수 있는 사람이 무기력에서 벗어날 수 있다.

내가 얼마나 회복력을 가진 사람인지 점검해 보라. 이를 위해 다음의 항목을 체크해 보라.

- 힘든 시기를 겪을 때 빠르게 회복한다.
- 스트레스 사건을 극복하는 게 어렵다.
- 스트레스에서 회복되는 데 오래 걸리지 않는다.
- 좋지 않을 일에서 빨리 벗어나는 게 어렵다.
- 일반적으로 어려운 일을 힘들지 않게 이겨낸다.
- 삶의 시련을 극복하는 데 시간이 오래 걸린다.

각 항목을 보면, 세 개의 항목(첫 번째, 세 번째, 다섯 번째)은 긍정적인 것이며, 다른 세 개의 항목(두 번째, 네 번째, 여섯 번째)은 부정적인 것이다. 긍정적인 항목에는 각각 1~5점(1=아주 아니다, 2=아니다, 3=보통, 4=그렇다, 5=아주 그렇다)씩 부여하고, 부정적인 항목에는 거꾸로 5~1점(5=아주 아니다, 4=아니다, 3=보통, 2=그렇다, 1=아주 그렇다)을 부여한다. 그리고 나서 각 항목의 점수를 모두 합하여 평균을 내보자.

모든 항목에서 5점을 받았다면 당신의 회복력은 5점이다. 일반적으로 평균 점수가 3점 미만이라면 낮은 회복력, 4.3점 이상이라면 높은 회복력을 가졌다고 할 수 있다.[3]

회복탄력성도 훈련이 된다

코크란 연합에서는 학생들을 대상으로 '회복력 증진 훈련resili-ence training'의 효과를 분석한 결과를 〈코크란 리뷰Cochrane Reviews〉에 게재했는데,[4] 이에 따르면 마음챙김 기반의 회복력 증진 훈련 또는 일대일 회복력 증진 훈련을 받은 학생들의 회복력 점수가 다른 그룹보다 높았으며, 특히 불안과 스트레스를 느끼는 정도가 현저하게 낮았다. 즉, 내가 지금 어떤 상황에 놓여 있는지, 어떤 감정을 느끼는지를 스스로 들여다보는 것과 그 감정을 다스리려고 노력하는 것이 훈련으로 가능하다는 말이다. 물론, 타고나기를 쉽게 화내지 않고 마음 상태를 안정적으로 잘 유지하는 사람도 있긴 하지만, 그렇지 않은 사람도 스스로의 노력에 따라 회복력을 키울 수 있다는 것이다.

학교, 직장, 군대 등 환경과 상황에 따라 다양한 형태의 회복력 훈련이 도입되고 있다. 이는 인터넷이나 애플리케이션, 증강 현실을 이용한 프로그램으로도 만들어진다. 이들 프로그램은 마음 다스림과 회복력, 심리적인 웰빙에 대한 강의를 하는 것으로 시작한다. 그다음, 마음챙김 같은 내적 성찰 훈련을 하면서 마음과 감정의 상태를 들여다보는 연습을 하도록 돕는다. 이런 훈련은 인터넷을 통해 각자 할 수도 있지만, 그룹으로 모여 지도자의 지시에 따

무기력이
무기력해지도록

라 할 수도 있다. 그런 다음에는 반복적으로 떠오르는 감정이 무엇인지, 어떤 생각 때문에 좌절하고 화가 나는지를 판단하는 훈련을 거친다. 또한, 내가 어떤 상황과 사람을 피하려 하는지도 확인한다. 그 후 할 일은 자신을 돌아보고 토닥여주는 일이다. 자기 스스로에 대한 공감과 연민을 가지고 그동안의 노고와 능력을 인정해 주는 것이다. 여러 프로그램은 이런 과정을 6~8차례 거치면서 스스로 익숙해질 수 있도록 만들어져 있다.[5] 마치 지도자를 따라, 선방에서 가부좌를 틀고 혼자 도 닦는 과정을 거칠 수 있도록 심플하게 만들어놓은 것 같지 않은가?

단순하게 말해, 회복력 훈련은 일단 마음과 뇌를 안정된 상태로 만들면서 내가 어떤 상황에서 자꾸 무너지고 감정 조절을 못 하는지 파악하고, 스스로 이겨낼 수 있도록 반복적으로 리허설하는 과정이다. 우리 삶은 원래, 내가 움직이는 만큼 세상도 나를 알아주길, 남이 무언가를 해주길 기대하다가는 실망할 뿐이라는 것을 깨닫는 일의 연속이다.

당신은 지금 그런 대로 잘 하고 있다. 그러니, 너무 완벽하게 해내려 하지 않아도 된다고 스스로에게도 알려주었으면 한다. 물론 혼자 이런 과정을 거치기란 쉽지 않기에 믿을 만한 상담가나 클리닉을 찾아가는 것도 좋을 것이다.

3부   언제나 꾸준한 사람

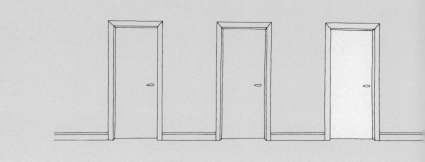

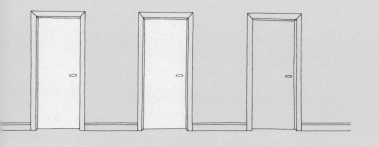

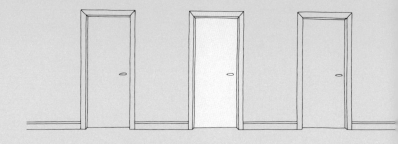

무기력과는 전혀 거리가 멀 것 같은, 늘 넘치는 에너지를 자랑하는 사람을 보면 때때로 신기하기만 하다. 대체 비결이 무엇인지 궁금하기도 하고, 한편으로는 부럽기도 하다.

그러나 '언제나' 활력 넘치는 사람은, 알고 보면 없다. 그런 사람이 있다면 숨어 있는 곳에 문제가 있는 게 분명하다. 누구나 살다 보면 질병에 걸리기도 하고 감정적 고통과 마주하기도 한다. 그럴 때마다 항상 굳건한 의지로 잘 이겨내는 것은 불가능에 가까운 일이다. 마찬가지로, 인생 내내 무기력증과 관계없이 산다는 것 역시 있을 수 없는 일이다.

중요한 것은, 아무것도 하기 싫다는 마음이 들 때 내가 무기력하다는 것을 인지하고 이것에서 벗어나기 위한 방법을 모색하는 것이다. 한 발 더 나아가, 잠깐의 좌절을 넘어선 극심한 무기력이 찾아오지 않도록 평소 마음을 잘 관리할 필요가 있다. 이제 마음과 몸이 크게 다르지 않다는 걸 알았을 것이다. 마음도 몸처럼 수시로 들여다보고 상태를 체크해 가며 미리 살펴줄 필요가 있다. 3부에서는 바로 이런 '무기력과 멀어지기 위한 마음 관리'에 대해 알아보려 한다.

6장

무기력을 내쫓는 마음가짐 。

내가 나를
칭찬하면

앞서 지적했다시피, 자기 연민이나 자기 비하는 무기력을 합리화하는 훌륭한 핑계를 만들어준다.

'난 능력 없는 놈이니까 이런 건 절대 할 수 없어.' '이 정도도 못하는 나는 너무 불쌍해.' '이렇게 괴로운데, 난 좀 더 늘어져 있어도 돼.'

무의식 중에라도 이렇게 생각하게 되는 것이다.

자유주의 경제학의 아버지로 알려진 경제학자 애덤 스미스Adam Smith는 원래 윤리학자였다. 오바마 대통령이 좋아하는 책으로도 널리 알려진 《도덕감정론*The Theory of Moral Sentiments*》은 그 유명한

《국부론The Wealth of Nations》보다 훨씬 먼저 출간된 책으로, 애덤 스미스는 이 책에서 인간이 본래 이기적이고 자신의 이익을 추구하는 존재지만 자신을 사랑하는 것은 이기적인 것과 다르다고 했다. 상대방 역시 그럴 수 있다고 인정하는 '동감'으로[1] 무장한다면 이 세상을 행복하게 만들 수 있다고도.

또, 그는 부를 이루려는 욕망과 사람들에게 인정받고 싶어 하는 심리는 인간의 본성인데, 그게 다른 사람의 도덕적 기준에도 적절한 것이라 생각하면 미리 자기 승인과 자기 칭찬을 할 수 있으며, 이와 반대로 자기 부인을 할 수도 있다고 했다.[2] 결국 스스로를 인정하고 칭찬하는 것은 심리적으로도 살아남기 위한 행동인 것이다.

어른에게 필요한 자기 인정

'자기 심리학自己心理學, Self-psychology'에서는 인간이란 성장 과정에서 누구나 칭찬받고 싶어 하는 욕망이 있는 존재라고 말한다. 따라서 스스로를 칭찬함과 동시에 '거울처럼 나를 비춰주고 칭찬해주는 존재mirroring transference'를 필요로 한다고 주장한다. 자기애의 출발인 것이다.

우리는 아기였을 땐 일어나 걷거나 "엄마" 비슷한 소리를 내기만 해도 엄청난 칭찬을 받을 수 있었다. 몸을 뒤집기만 해도 온 집안이 떠들썩했다. 그렇게, 엄마의 감탄은 내가 평생을 살아가며 뭐든 해낼 수 있다고 믿게 해주는 자신감의 원천이었다. 하지만 나이를 먹어가면서 나에게 그렇게 감탄해 주는 사람은 점점 줄어들게 마련이다.

성인이 된 후에는 외부에서 자신을 인정하는 것에 지나치게 의존하지 않는 게 좋다. 각자의 인생을 살아가는 '어른의 세계'란 어느 정도 '알아서' 움직이는 독립적 인간들이 모여 사는 곳이니 말이다. 물론 다양한 이유로 여전히 주변의 칭찬과 관심에 목말라하는 이들도 더러 있다. 이런 심리를 노려, 사기를 치거나 이상한 종교에 끌어들이려는 사람들도 일부 존재한다. 나에게 무언가 이기적인 목적을 가지고 접근하는 이들은 언제나 칭찬과 감탄에 능한 법이다.

서로 어떤 삶을 살고, 어떤 노력과 실패를 하는지 다 알아주기는 힘든 법이다. 사실 그저 내가 힘들고 기운이 빠져 있는 걸 남들이 알아주길 기대하는 것 자체가 유아적인 행동일 수 있다. 또, 지나친 칭찬은 자존감에 큰 도움이 되지도 않는다. 오히려 사람들은 스스로 생각하는 본인의 모습과 일치하는 칭찬을 들을 때 마음이 편안해진다. 이를 '자기 입증'이라 부르는데, 본인의 성격, 지적 기

능, 장단점 등에 대해 내가 생각하는 것과 비슷하게 말해주는 사람에게 더 큰 호감을 느끼는 것이다.[3]

무조건 나를 칭찬하고 변호하면서 미래를 긍정적으로만 보는 것도 그다지 좋은 태도는 아니다. 단점과 실패를 솔직히 받아들이고 적극적으로 수정해 나가는 것. 우리에게 필요한 건 이런 자세다. 사람들도 이런 자세를 가진 이들을 더 좋아하고 따르곤 한다.

나를 칭찬하는 방법

앙투안 드 생텍쥐페리Antoine de Saint-Exupéry의 소설《어린 왕자Le Petit Prince》에서 주인공 어린 왕자가 별을 떠나 여행하다가 만난 '젠체하는 사람'을 기억하는가? 그는 그저 사람들이 박수 쳐주고 잘했다는 말을 해주기만 기다린다. 마치 동전을 넣으면 손을 흔들어주는 도자기 인형처럼 말이다. 이게 지나치면 '나르시시즘Narcissism', 즉 자기애적 성향으로 발전한다. 하지만 적당한 자기애는 필요하다.

스위스, 독일의 연구에 따르면 직장인 중에서는 적당히 자기 칭찬을 하는 자기애적 성향이 있는 사람이 더 성공할 수 있다고 한다. 이때 자기 칭찬은 연봉이나 직업 만족도와 직접적인 상관이 있

무기력이
무기력해지도록

진 않고, 자기효능감과 업무적 노력이 뒤따라야 효과가 있다[4]는 것이 핵심이다.

그렇다면, 나를 칭찬하는 방법이 따로 있을까? 남을 칭찬하는 방법[5] 중 나에게 잘 맞는 것을 골라내어 활용해 보는 것도 좋은 방법이다.

○ 스스로에 대한 험담을 하지 마라

평소 자기 자신에게 너그럽지 않은 사람은 시험을 잘 보고 나서도 운이 좋았을 뿐이라며 자신의 성과를 폄훼한다. 스스로를 깎아내리는 것이다. 내가 나를 인정하지 않는데, 나를 좋게 보고 칭찬할 사람이 얼마나 될까? 당신을 좋은 사람이라고 말해주는 친구라도 당신의 자기 비관적 태도가 지속되면 머지않아 지쳐 떠날 것이다. 남을 험담하는 버릇이 있는 사람과 가까이하지 않는 게 상책이듯, 당신에게도 스스로를 무시하고 자조하는 말 습관이 있는지 살펴보고, 있다면 반드시 고치자.

○ 내 단점도 때로는 장점이 된다

내가 생각하는 단점이 모두 나쁜 건 아니다. 쉽게 지치고 기운이 빠지는 게 당신의 단점이라 하자. 하지만 그 덕분(?)에 일이 많을 때는 한 번에 몰아서 하기보다 조금씩 나누어서 늦은 속도로 해낸다. 그래서인지 일을 그르치는 경우가 거의 없다. 이것은 정말 큰 장점이다. 또, 매사 툴툴거린다는 단점이 있긴 하지만 그로 인해 지나친 기대를 했다가 실망하는 일도 별로 없으니, 이 역시 장점이라면 장점이라 할 수 있을 것이다.

○ 칭찬 잘하는 사람 근처에서 배워라

우리 주변에는 본인이나 남에 대해 좋게 말하고 장점을 찾아 칭찬하는 기술을 타고난 것 같은 친구(배우자, 동료)가 적어도 한 명은 있다. 이런 친구를 잘 관찰해 가면서 어떻게 하는지 배워보자. 또, 친구들 중에는 본인이 가진 것이나 먹은 것, 입은 것이 다 최고라고 확신에 차서 말하는 똘똘이 스머프가 한 명쯤은 있을 것이다. 너무 잘난 척하는 것만 아니라면 이들의 '근자감(근거 없는 자신감)'도 배워둘 만하다. 말과 행동은 타고나는 게 아니라 그저 습관일 뿐이다.

○ 내가 과거에 잘한 것을 끄집어내어 칭찬하라

지금 하는 일이 도통 잘 풀리지 않는다. 그래서인지 무엇이든 시작도 하기 힘들고 언제나 기운이 빠져 있다. 팀장도 이런 내가 영 마음에 들지 않는 눈치다. 그런데 작년에 다른 마케팅안을 만들 땐 너무 창의적으로 일했다고 공개적으로 칭찬받은 적이 있다. 당

무기력이
무기력해지도록

신은 원래 그런 사람이다. 그렇다면, 지금 하는 일도 시작만 하면
잘할 수 있을 것이다.

○ 미래를 위한 나의 노력을 칭찬하라

어제와 오늘은 영 지쳐서 무기력했던 것뿐이다. 그래도 오늘 하
루는 미리 세워놓은 계획을 소소하게나마 완수했다. 아기가 한 걸
음씩 걸음마를 하듯이, 느리지만 앞으로 나아가고 있다면 당신은
오늘 성공한 것이다.

○ 주변 사람들을 자주 칭찬하라

칭찬은 습관이다. 하다 보면 누구나 늘게 되어 있다. 주변 동료
나 친구를 자꾸 칭찬하면 내 마음까지 뿌듯해지게 마련이다. 게다
가 타인의 장점을 찾고 인정해 주는 인지적 습관은 나 스스로 내
장점도 잘 보이도록 해준다.

내가 나를 위로하면서 스스로를 쓰다듬는 행동은 왠지 좀 남사
스럽게 느껴진다. 하지만 적절한 자부심과 뿌듯함은 자기효능감과
자존감의 원천이 된다. 외롭고 무기력할 때 나를 위로해 주거나 칭
찬해 주는 사람이 없다면 나라도 나를 칭찬해 주자. 칭찬은 나에
대한 인정인 동시에 좀 더 해보라는 격려이기도 하니까.

빨강머리 앤처럼 언제나 내 마음속 긍정적인 부분을 불러내어 친구로 삼고, 수시로 미래의 즐거운 일을 상상해 보자. 어느 순간 무기력에서 벗어나 오늘 일을 해낼 힘을 얻을 수 있을 것이다.

무기력이
무기력해지도록

유머가 우리를
구원할 거야

몇 달간 열심히 준비했던 프로젝트에서 탈락해 지치고 낙담해 있을 때, 한 선배가 어깨를 두드리며 이런 말을 한 적이 있다.

"자, 이번엔 떨어졌지만, 다음 준비는 파리에서 방 하나 잡고 해보자고."

말도 안 되는 농담이었지만, 피식 웃고 나니 마음이 조금 나아지는 것 같았다.

기운 빠지고 자포자기하고 싶을 때, 함께했던 동료나 가족의 농담은 잠시 숨 돌릴 틈을 마련해 준다. 유머는 무기력한 순간, 나 스스로 가장 먼저 시도할 수 있는 방법 중 하나다.

유머가 이렇게 좋은 거였나

농담을 하거나 웃을 때 인간의 뇌에서는 '행복 및 의욕 호르몬(도파민)' '애착과 신뢰 호르몬(옥시토신)' '쾌감 및 진통 호르몬(엔도르핀)' 등이 분비되고, '스트레스 호르몬(코르티솔)'은 낮아진다.[6] 심지어 웃길 것 같다는 기대감만으로도 스트레스 호르몬과 '투쟁 호르몬(에피네프린)'의 분비가 각각 39퍼센트, 70퍼센트나 감소된다. 안전하다는 느낌을 받으면서 침착해지는 것인데,[7] 이는 긴장이 풀린다는 뜻이다.

스트레스 호르몬이 낮으면 일도 더 잘 해낼 수 있다. 스트레스 호르몬 수치가 낮을수록 일 처리 속도, 눈과 손의 협응력, 집행 기능, 언어기억과 학습 등의 인지 기능은 더 좋아진다.[8] 이 수치를 너무 높지 않게 유지한다는 것은 힘든 시기에도 우리의 회복력을 적정 수준으로 유지할 수 있다는 말이다. 유머는 화나고 우울하고 불안한 감정에 휩쓸려 공황이나 무기력에 빠지지 않도록 하는 치료제인 것이다.

유머는 사람 간의 유대감도 높여주는데, 자신의 속내를 열어보임으로써 신뢰감을 높여주는 효과를 낸다. 창의력도 증진시킨다. 주어진 상황의 다른 측면을 보게 만들어, 알고 있는 것들을 약간 다르게 연결함으로써 아이디어가 튀어나오도록 하는 것이다.

무기력이
무기력해지도록

유머는 회복력도 증가시킨다. 고통스러운 순간에 몸과 마음의 회복력을 향상시켜 좌절을 빨리 극복하도록 돕는다. 피로를 감소시키기도 한다. 항암 치료를 받는 유방암 환자들에게 정기적으로 유머 치료를 하면 환자들의 피로도가 눈에 띄게 감소하는 양상이 발견된다.[9]

유머는 효율적인 리더십의 필수요소이기도 하다. 미국 사관학교의 연구에 따르면 효율적인 리더일수록 따뜻한 유머를 함께 가지고 있는 경우가 많았다.[10] 또 직장 내 업무 교육을 위해 다소 엄한 분위기가 필요할 때도 있지만, 여러 연구를 종합할 때 간호 업무 등 직무 교육 과정에서도 유머는 긍정적인 역할을 한다는 것이 드러났다.[11]

유머는 기억에도 도움이 된다. 보상 센터에 도파민이 늘어나면 집중력과 장기 기억력이 좋아진다. 흔히 말하듯 좋은 감정으로 채색된 기억은 따뜻한 '추억'이 되어 오래도록 마음에 남는 것이다. 중요한 말을 전달할 때에도 유머를 사용하면 당신의 말에 집중하는 사람이 많아지고, 이후에도 오래도록 그들의 기억에 남게 된다. 한 연구에서는 단기 기억력 테스트를 실시하기 전에 유머러스한 영화를 본 사람이 아무것도 하지 않았다가 테스트를 치른 사람보다 두 배 이상의 정보를 기억했다고 보고하기도 했다. 웃음과 미소를 유발하는 그림·글이 담긴 교재로 학습하면 수업 내용을 더 많

이 기억하고 기말시험에서 11퍼센트 더 높은 점수를 기록했다는 보고도 있다.[12]

수업 시간에 강의를 잘하던 그 선생님을 기억해 보라. 꽤나 유머러스하지 않았던가?

노력하면 웃길 수 있다

유머를 보고 들을 때 우리는 일단 논리적으로 이해하려 시도하다가 무언가가 이치에 맞지 않는다는 생각에 이르면 마침내 빵 터져서 웃는다. 농담을 듣거나 우스운 장면을 볼 때, 우리의 뇌는 먼저 유머에 담긴 부조화를 인식하면서 상부전두엽과 내측전전두엽 피질이 활성화된다. 그 언어적 부조화가 해결되고 미소가 지어질 때는 측두엽과 두정엽 부위가 활성화된다.[13]

여담이지만, 유머는 남성과 여성의 뇌에서 다른 반응을 보인다. 같은 유머 자극을 받은 경우, 남성은 주로 유머의 인지적 요소를 담당하는 전두엽 부위가 활발해지지만, 여성은 언어 담당 부위와 감정을 다루는 변연계 영역이 더 활발해진다고 한다.[14] 남자는 유머를 '이해'하려고 하는 반면, 여성은 그 유머에 담긴 따뜻함과 애정을 먼저 '느낀다'는 것이다. 그럼에도 남녀 모두 유머 점수가 높

무기력이
무기력해지도록

은 사람이 질병에 대한 저항력이 높다고 한다.

유머 감각은 타고난 성격에 따라 다를 것이다. 성인의 유머 감각은 보통 성격적 특성의 영향을 받는데, 예민하고 감정적인 아이가 유머에 잘 반응하는 반면 수줍어하는 아이는 유머 상황에 덜 반응한다.

하지만 나이를 먹으면서 그리고 지능IQ이 높은 경우, 유머 감각이 좋아진다.[15] 어린 시절, 내성적인 성격으로 혼자 지내는 시간이 많았던 배우 로빈 윌리엄스는 인형을 가지고 혼자 연극하는 놀이를 하다가 애드립에 능한 배우로 성장했다고 한다. 타고난 성격에 따라 유머감각이 뛰어난 사람이 있긴 하지만, 노력하면 잘 웃기고 잘 웃는 사람이 될 수도 있다는 말이다.

유머 트레이닝

그렇다. 누구나 유머를 배울 수 있다.

먼저 제대로 유머를 던질 수 있으려면 잘 웃을 줄부터 알아야 한다. 우리의 뇌는 무엇이든 여러 번 반복하다 보면 습관 회로를 만들도록 설계되어 있다. 그러니, 먼저 웃는 연습을 하자. '입을 약간 벌린 채 입꼬리를 올리고, 눈 밑에 주름을 만들며 웃는 것이 제대로 웃는 것(뒤센Duchenne 웃음)'이다. 제대로 웃을 수 있는 사람은 분노와 마음의 고통이 더 적고, 더 긍정적이며, 관계에 대한 만족도도 높다. 유머의 기술을 배우려고 노력하는 사람은 우울증 점수나 스트레스 점수가 낮고, 상황에 대한 통제감도 더 좋다.

준비됐는가? 유머러스한 사람이 되고 싶다면 다음을 기억하라. 먼저, 나와 주변에 대한 진실을 말하는 것에서 출발하자. 상대가 진지하게 내 말을 듣게 만들며 대화를 시작하라는 것이다. 그런 다음, 다소 방향을 틀어주는 말을 던진다. '잘 나가다가 슬쩍 농담 한마디 건네는 기술'인 셈이다.

이때, 자신이 정말 잘나가는 사람이 아니라면 지나친 자기 비하, 그러니까 '셀프 디스' 농담은 하지 않는 게 좋다. 유머는 상대방도 상대방이지만, 동시에 나에게 웃음을 권하는 말이기도 하다. 그러니, 자신을 깎아내리는 말일랑 그만두자. 물론 상대도 깎아내려선 안 된다. 그저 상황을 반전시키거나 비트는 말이면 된다. 이렇게 유머를 던지고 미소를 짓고 나면 지친 뇌가 기운을 차리며 이제 무기력에서 벗어나도 된다고 몸에게 말을 걸기 시작할 것이다.

무기력이
무기력해지도록

7장 ___
일상을 활기로 물들이는 습관.

회복력이
지능의 문제라고?

"B 씨가 또 회사를 그만두었다고요?"

"이번에 팀장이 새로 온 모양인데, 좀 안 맞아서 싸웠다네요."

"벌써 몇 번째예요? 그 욱하는 성질 좀 조절 못 한대요?"

"그 인간, 머리가 나빠서 그래요! 도대체 참지를 못해!"

불면증과 부부 갈등으로 클리닉에 온 어느 내담자와 나눈 대화다. 여기서 거론되는 B 씨는 그 내담자의 남편이었다.

그런데 어딘가 좀 이상하지 않은가? 욱하는 성질 이야기를 하던 참인데, 왜 그녀는 "머리가 나빠서 그래요"라고 했을까? 잠깐, 어린 시절 엄마에게 듣던 잔소리를 떠올려보라. 엄마들은 "머리가

무기력이
무기력해지도록

나쁜 거냐, 뭐냐" "머리가 나쁘니 그렇지" 따위의 머리 운운하는 잔소리를 갖가지 상황에 다 갖다 붙이곤 했다. 우리가 분을 참지 못하고 성질을 부릴 때도, 공부에 오래 집중하지 못하고 딴짓을 할 때도. 아마 엄마들이 말하는 '머리'란 집중력과 참을성, 현명함을 두루 일컫는 말이었을 것이다.

"머리 나빠서 그래"라는 말의 진실

그런데 이런 엄마의 잔소리가 반 정도는 맞았다고 하면 믿겠는가?

인간의 뇌에는 다양한 기능이 있다. 이 기능은 크게 집중력, 판단력과 실행 능력, 언어 기능, 학습과 기억 기능, 운동과 지각 기능, 감정 조절 및 사회적 관계 기능으로 구분하고, 이를 통틀어 '신경 인지 기능'이라 부른다.

회복력 좋은 사람은 공통적으로 "자신을 믿는다"는 말을 많이 한다. 이는 높은 자기효능감을 가지고 내 일을 내가 통제한다는 믿음, 지나치게 예민하지 않으면서 높은 자존감을 가지고 있다는 말이다. 그리고 "나는 근본적으로 괜찮은 사람"이라고 스스로에 대한 핵심 자기 평가를 할 수 있다는 뜻이기도 하다. 이때 중요한 요소

중 하나가 감정 조절 능력인데, 이것이야말로 진정한 마음의 능력, 또는 뇌의 능력이라 할 수 있다.

지능이란 새로운 대상이나 일을 만났을 때, 그 상황을 이해하고 합리적으로 적응하는 지적 능력을 말한다. 감정과 충동, 식욕, 성욕 등 내면의 욕동과 주변 환경, 이들의 상호작용을 이해하고 조절하는 능력이다. 쉽게 말해, 직장 상사와 갈등에 놓였을 때 화를 내도 되는 상황인지, 아니면 친구한테 화를 내고 난리를 부려도 되는 상황인지를 판단하고, 본인에게 좀 더 이로운 방향으로 행동하기로 하는 것이라 할 수 있겠다. 그런 점에서 무언가 자기 행동이나 감정을 제대로 조절하지 못하는 사람을 보고 "머리가 나빠서 그래"라고 했던 엄마의 말에는 일리가 있는 것이다.

그렇다면 머리가 좋은지, 나쁜지는 어떻게 아는가? 학교에서 정해진 시간에 시험 보듯 측정했던 IQ 검사에는 분명 한계가 있다. 이는 애초 계산 능력, 지식, 판단 속도 등 일부의 능력만을 측정하는 것으로, 단체 활동을 해야 하고 지시에 의한 노동이 요구되는 군대나 공장 같은 현장에 적응할 수 있는 사람을 가려내기 위해 만들어진 도구였다. 이 때문에 감정 조절, 판단력 같은 뇌의 기능까지 평가하지는 못한다.

최근에는 미국의 심리학자 하워드 가드너Howard Gardner가 말한 '다중 지능multiple intelligence'이 주목받고 있다. 지능이 여러 능력으

무기력이
무기력해지도록

로 이루어져 있다는 개념인데, 그는 그 하위 항목으로 음악 지능, 신체 운동 지능, 논리-수학 지능, 언어 지능, 공간 지능, 대인관계 지능, 자기 이해 지능, 자연 관찰 지능 등 여덟 가지를 제시했다.[1]

다중 지능의 분류는 뇌과학자와 인지심리학자가 이야기하는 뇌의 부위별 기능과는 조금 차이가 있다. 수학 계산은 못하지만 음악적 재능이 뛰어난 사람, 몸을 써서 운동하는 능력이 탁월한 사람도 있다. 또는 언어적 기능이나 사회적 관계에는 서툴러도 논리적인 수학에는 발군의 실력을 보이는 사람도 있다. 모든 영역을 다 잘하지 못해도 인간관계 능력이 탁월해 우정과 협력을 손쉽게 이끌어내는 사람도 있으니, 사람마다 뛰어난 지능의 영역이 '다르다'는 말이 맞겠다. 그러니까, 무언가를 잘하지 못하는 사람에게 "머리가 나빠서 그래"라고 했던 엄마의 말이 절반은 틀린 셈이다.

내 감정의 주인이 되어야

자, 다시 무기력으로 돌아가 보자. 무기력감은 실패하고 좌절했을 때, '이를 어떻게 받아들이는가'와 '느끼는 감정을 어떻게 조절하는가'의 문제인 경우가 많다. 잘 해내지 못한 자신을 부정적으로 받아들이고 스스로를 무시하는 사람은 무기력감과 우울감에 빠지기도 쉽다. 완전히 탈진해 버리는 것이다.

이들은 무기력해져서 자기 일에 의미를 부여하지 못하고, 일과 본인의 미래에 대한 적절한 기대감도 가지지 못한다. 무기력증이 만성화되어 우울증 진단을 받을 정도로 심해지는 경우에는 기억력을 포함한 뇌의 인지 기능마저 떨어진다. 고려대학교 연구팀의 메타분석 연구에서 우울증 환자는 집중력, 처리 속도, 판단력을 포함한 집행 기능, 언어 기억력이 감소한다는 것이 밝혀졌다.[2] 이럴 때는 항우울제를 꾸준히 복용하고 상담 치료를 잘 받으면 일상 수준으로 회복할 수 있기에 적극적으로 치료받아야 한다.[3]

운동 선수들은 마음을 컨트롤하는 능력(정서 조절)에 따라 행동 성향이나 운동 수행 능력 자체가 달라진다.[4] 정서 지능이 좋은 사람은 훈련이나 경기에서 느끼는 스트레스를 잘 조절하고 육체적 고통을 견디는 마음의 힘과 지구력도 좋다는 것이다. 수영 선수 대상의 연구에서는 정서 지능이 높은 선수일수록 스트레스 관리 능력과 성취도가 좋으며, 훈련을 다그치는 코치의 압박도 비교적 잘 견뎌낸다는 사실이 보고되었다.[5] 농구, 야구, 골프 등 각종 운동 경기의 중계방송을 보면 "선수들의 멘탈 관리가 중요하다"는 이야기가 종종 나오는데, 운동 잘하는 선수는 멘탈도 좋은 경우가 많다.

초등학생 대상의 연구에서는 '자기 성찰 지능intrapersonal intelligence'이 낮을수록 우울증과 무기력감이 심한 것으로 나타났다. 자기 성찰 지능이란 다중 지능의 한 영역으로, 자신의 정서와 능력을 바르게 이해하고 조절하는 능력이다. 요즘 유행하는 메타 인지라는 말이 그것이다. 자기 성찰 지능이 높은 사람은 행동이 건강하고, 자기 감정을 잘 파악하고 조절하면서 적절히 표현한다.[6] 심리적 안정감도 높고, 자율성, 자아존중감 모두 좋다.

자기 내면을 잘 들여다보지 못하면 자기 결정권을 타인에게 넘기게 되거나 감정 표현을 제대로 하지 못해 대인관계에도 문제가 생긴다. 성질을 부리며 사람들을 쫓아내거나 혹은 타인에게 조종당하는 '가스라이팅gaslighting'의 대상이 된다는 말이다.

참을 건 참고 받아들일 건 받아들이는 건강한 취사 선택 능력을 키워야 한다. 화를 내고 포기하더라도, 그럴만한 곳에서 그럴만한 때에 하라는 것이다. 인생을 잘 사는 사람은 자기 내면을 건강하게 들여다보고, 쉽게 좌절하지 않으며, 욱하고 올라오는 감정을 잘 다스린다. 충동과 욕심이 느껴질 때 이를 거르지 않고 있는 그대로 받아들여 행동하는 사람은 동물이나 유아와 다를 바 없다.

당신은 당신이 지금 놓인 현실에 기반해 본인의 감정을 이해하면서 지금 할 일을 선택하는 사람이다. 그럴 수 있는 사람임을 잊지 말자.

온전한 지지자
한 명의 힘

시내 한가운데에 있는 초등학교에 다니던 시절, 나는 그저 평범한 학생이었다. 친구 여럿과 밖으로 놀러다니기보다 한두 명과 주로 교우하면서, 집에서 책과 TV를 보거나 마당의 꽃나무를 멍하니 쳐다보며 시간을 보냈던 것 같다. 중학교에 입학하자, 세 살 터울의 친형이 이런 이야기를 해주었다.

"학교 가면 딴 생각하지 말고, 선생님 얼굴만 잘 보며 열심히 듣기만 하면 된다."

그러던 어느 날, 수업에 들어온 생물 선생님이 이런 이야기를 하는 것이었다.

무기력이
무기력해지도록

"이 반에 창수가 누구냐? 수업 시간에 선생 얼굴만 뚫어지게 보는 똑똑한 놈이 있다고 너희 담임이 그러더라."

오래된 학교에 근무하는 나이 많은 담임 선생님을 우리끼리는 '할아버지'라 불렀다. 그 '할아버지'가 나를 "똑똑한 놈"이라고 했단 말을 듣고 나자, (어떤 기분이 들었는지는 정확히 기억나지 않지만) 나는 정말로 열심히 공부하는 똑똑한 학생이 되어야겠다는 생각이 들었다. 그로부터 수십 년이 지난 지금도, 그분의 말과 나에 대한 믿음이 나를 키워주었다는 느낌이 들곤 한다. 물론 사춘기 인생을 누리던 형이 나에게 왜 그런 조언을 했을까 하는 궁금함(?)과 고마움도 있지만.

회복탄력성의 단 한 가지 조건

심리적 회복력의 토대는 일반적으로 어린 시절에 만들어진다. 어른이 된 후에도 노력과 마음 수련을 통해 회복탄력성을 키울 수 있지만, 대개는 어린 시절부터 탄탄하게 만들어진 자아에 근거하는 경우가 많다. 마음이 탄탄한 사람과 정서적으로 안정되어 있지 않은 사람은 평상시엔 별 차이가 없어 보인다. 그러다 스트레스에 노출되면 티가 나는데, 처음에는 가벼운 신경성 신체 증상을 드러내다가 점차 짜증을 내고 초조한 기색을 보인다. 급기야 나중에는 심한 무기력감과 우울감, 좌절감에 시달리는 모습을 보이기도 한다.

영화 〈쥐라기 공원Jurassic Park〉의 촬영지는 하와이 군도 북쪽에 있는 인구 3만 명의 작은 섬 '카우아이'다. 지금이야 아름다운 관광지로 유명하지만, 제2차 세계대전과 6·25전쟁 직후에는 빈곤과 약물, 빈약한 의료체계로 무척 고통받았던 곳이다. 이곳에서 소아과, 정신과, 심리학자, 복지학자가 모여 1955년 이후 출생한 아이들이 18세가 될 때까지를 추적 관찰했다. 임신기 어머니의 건강과 교육, 경제적 상태가 아이의 성장에 어떤 영향을 미치는가를 장기적으로 관찰한 것이다. 연구자 중 에미 워너Emmy E. Werner는 이 중 극빈층이면서 가정이 불우한 아이들을 별도로 분석했다. 그 결과, 가정 폭력과 약물 중독 등에 시달리며 사회적으로 실패한 아이들이 많긴 했지만, 1/3 정도의 아이들은 오히려 어린 시절의 불우한 배경을 잘 극복하고 학업이나 인간관계 등에서 더 성장하더라는 보고를 했다.

이른바 회복력이 좋은 아이들이었는데, 이들의 특징 중 하나가 가족 중 적어도 한 명(조부모, 고모, 이모, 삼촌, 입양 부모) 정도는 그 아이를 가까이서 지켜봐주고 지지해 주는 사람이 있었다는 것이었다.[7] 그 지지자가 꼭 부모일 필요는 없었다.

무기력이
무기력해지도록

교과서에서는 최소 생후 2년간 부모의 관심을 독점한 경험이 있는 아이가 정신적으로 더 건강한 사람으로 자랄 확률이 높다고 하는데, 카우아이섬의 아이들처럼 열악한 환경에서 성장했어도 정신력과 의지로 어려움을 극복하는 사람은 존재하게 마련이다. 친부모에게 모든 책임을 던져놓기 전에, 아이를 돌보고 정서적 지지를 해줄 수 있는 사회적 시스템이 필요한 이유다.[8]

내 옆에서 나를 지지해 주는 그 사람

'사회적 자본'이라는 말이 있다. 가족이나 사회, 조직에서의 연결성, 사회적 믿음, 사회 참여에 대한 상호성 보장 등을 의미하는 이 말은 개인뿐 아니라 한 사회의 건강함을 보여주는 척도라 할 수 있다. 사회적 자본은 인간에 대한 '신뢰성'과 '상호성'을 두 축으로 하는데, 신뢰성은 '인생에서 믿을 만한 인간관계가 있는가'에 대한 것이고, 상호성은 '내가 해준 것만큼 상대방(사회)도 나에게 해줄 것인지에 대한 믿음이 있는가'를 말한다.

일을 하고 공부를 하면서도 믿을 사람 하나 없다고 느낀다면, 세상 재미없고 무기력할 수밖에 없다. 또, 직장에서 내 역할을 하면서도 그에 합당한 대접을 받지 못한다면 딱히 이러고 살 필요가 없다고 느낄 것이다. 국내 연구에서는 사회적 자본이 적을수록, 즉 인간관계의 신뢰가 부족하고 상호성에 대한 믿음이 적을수록 무기력감과 우울증에 더 취약하다고 보고한 바 있다.[9]

경제적 자본이 아니라, 사회적 자본이 든든한 사람은 열악한 환경을 경험하고 좌절하더라도, 이런 부정적인 감정을 일시적인 것으로 받아들인다. 지금 겪는 어려움은 그냥 지나갈 거라고, 내 힘으로 이겨낼 수 있는 것이라고 믿는 자신감이 있기 때문이다.

《나를 믿어주는 한 사람의 힘》의 저자 박상미 작가는 책에 '나를 지지해 주던 단 한 사람'의 이야기들을 모아놓았는데, 그중 나는 김혜자 배우가 이야기하는 남편의 모습에 관한 이야기가 기억에 남는다. 그에게 남편은 이 세상에서 부모보다 그를 사랑하고 잘 파악한 사람이었다고 한다. 남편이 본인을 끝없이 지지했기에 배우 노릇을 할 수 있었다고 그는 말한다.[10]

지금까지의 인생이 편치 않았거나 불행했던 것은 당신 잘못이 아니다. 그냥 그렇게 된 것이다. 당신이 어린 시절의 부모와 환경을 탓할 수는 있다. 그렇지만, 스무 살이 넘어 내 인생을 사는 지금에 이르러서까지 마냥 어린 시절만을 탓할 수는 없다. 그렇게 사는 건 인생이 재미없다는 이유로 술만 마시고 사는 소설《어린 왕자》속 주정뱅이와 다를 바가 없다. 성인기 이후의 인생은 당신이 만들어가는 것이다.

무기력이
무기력해지도록

한 번 넘어졌다고 해서 영원히 뒤처지리란 법은 없다. 고통스러운 사건이 찾아왔다고 해서 인생 내내 불행할 리도 없다. 어차피 어린 시절이 100퍼센트 행복했거나 누군가의 지지를 온전히 받는 환경에서 자란 사람은 그렇게 많지 않다. 이는 TV나 신문에서 자주 보는 큰 부자나 높은 관료, 학자 집안에서 태어난 사람도 마찬가지인 것 같다.

지금 내 옆에서 나를 믿어주고 지지해 주는 사람이 누구인지 생각해 보라. 갓난아기를 따라다니며 돌보는 엄마 같은 사람까진 필요 없다. 그저 가끔 미소 짓는 얼굴로 나를 격려해 주는 사람이면 충분하다. 그 사람은 친구일 수도, 선생님일 수도, 동료일 수도 있을 것이다. 어쩌면 내 마음속에 살고 있는 사람일 수도.

그렇다면 나는?

지금 내게 힘이 되는 사람은 내 옆에서 나를 가장 믿어주고 언제나 웃어주는 그 여인이다.

최소한의
루틴만 있어도

골프 영웅 박세리는 공을 치기 전, 행동 순서가 항상 똑같다고 한다. 이를 골프에서는 '프리샷 루틴preshot routine'이라고 한다. 우선 볼이 어느 방향으로 어느 정도 날아갈지 상상하며 연습 스윙을 몇 차례 한 다음, 볼 뒤에서 페어웨이를 바라보며 어느 지점으로 볼을 보낼지 결정한다. 그리고 타깃과 볼을 잇는 가상의 선을 그린 후 볼과 가까운 지점에 제2의 타깃을 정하고, 그 타깃과 볼, 클럽의 페이스를 일렬로 정렬한다. 그리고 왼손 그립 후 오른손으로 그립을 완성한다. 그다음엔 자신 있게 공을 때린다.[11]

그런가 하면, 골프 황제 타이거 우즈Tiger Woods에게는 퍼팅 전,

무기력이
무기력해지도록

항상 공 뒤에 웅크리고 앉아서 공의 방향과 속도를 마음속으로 계산하는 습관이 있다. 테니스 스타 라파엘 나달Rafael Nadal은 서브를 넣기 직전 항상 발로 땅을 고르고, 라켓으로 두 발의 흙을 털고 나서 엉덩이에 낀 바지를 빼고, 양 어깨와 귀, 코를 번갈아 만진다. 자신만의 동작 순서를 지키면서 경기 전 긴장을 푸는 것이다.

루틴은 시작 버튼이다

번아웃은 있는 힘껏 열정적으로 일하다가 육체적·심리적 에너지가 고갈되어 무기력이 찾아오는 것을 말한다. 번아웃으로 인한 무기력은 조금 쉬며 에너지를 충전하면 해결되지만, 문제는 낮은 자기효능감 때문에 시작도 하지 못해 늘어지는 형태의 무기력이다. 이런 무기력을 이겨내려면 매일 자신의 일과를 정해놓고 그대로 따라가 보는 자기관리가 필수적이다. 이를 위해, 일상의 '루틴routine'이 필요하다.

스포츠에서 말하는 루틴은 컨디션을 최상으로 만들기 위해 의식적·무의식적으로 하는 행동이다. 미신이나 징크스와는 조금 다른 것이, 루틴은 긴장을 풀면서 박자에 맞추어 일련의 동작을 시작하는 것이라고 할 수 있다. 잘할 수 있게 숙련된 몸의 기억을 끄집어내는 일종의 '의식ritual'이라고 보아야 한다.

무언가 하려고 할 때는 일을 계획하는 것이 중요한데, 그보다 더 중요한 것은 시작하는 것이다. 일을 미루지 않고 제때 하려면 출발 시의 루틴을 정해놓는 것이 좋다. 이렇게 하면 일종의 '시작 버튼'을 누르는 것과 같은 효과가 있다.

의대 재학 시절 친했던 한 친구가 있었다. 이 친구는 항상 이른 아침 정해진 시간에 도서관에 도착해 마음속으로 정해둔 본인 자리에 앉아 그날 공부할 책들을 순서대로 책상에 세워놓았다. 그다음에는 사용할 형광펜과 볼펜 들을 꺼내 순서대로 나열하고는 화장실에 갔다가 자판기에서 커피를 한 잔 빼 가지고 와서 자리에 앉았다. 그리고 공부 시작. 당연히, 집으로 돌아가는 것도 늘 같은 시간이었다.

이 친구가 늘 최상위권 성적을 받은 것 같지는 않다. 기운도 없고 피곤하다며 앉아 있는 시간의 절반 이상 동안을 엎드려 잔 날도 있었고 형편없는 점수에 낙담한 적도 있었다. 하지만 본인이 정해놓은 순서와 시간이 바뀐 적은 없었다. 이 친구는 지금도 그렇게 자신이 정한 일상의 순서에 따라 제 몫을 충실히 해내며 성실한 외과의 생활을 해내고 있다.

수험생 시절, 자신만의 루틴을 가지고 시험 준비를 했던 이들이 많을 것이다. 처음에는 자신만의 방법이 없어서 친구들이 하는 걸

무기력이
무기력해지도록

보며 따라 하기도 하다가, 점차 자신에게 맞는 것을 발견하며 나만의 순서를 만들었을 것이다.

지금은 어떻게 일하고 있는가? 그냥 시간에 쫓겨 허우적거리면서 살고 있진 않은가? 마음 컨디션과 상관없는 일상의 순서를 만들어 지키는 것은 무기력에 빠진 순간에도 하루를 시작하게 만드는 힘을 준다. 그러니, 자기만의 루틴을 만들어보자.

내 루틴을 만들어주는 도우미

미국 건국의 아버지 벤저민 프랭클린Benjamin Franklin은 철저한 시간 관리를 하면서 많은 일을 해냈던 사람으로 알려져 있다. 그는 모든 것을 미리 계획해서 기록하고, 그 계획대로 실천했다. 아침 기상 시간부터 그날 해야 할 일까지 세세하게 적어둔 일기장이야말로 그가 가진 힘의 원천이었다. 한동안 그의 이름을 딴 다이어리가 수험생이나 직장인 들 사이에서 선풍적인 인기를 끌었던 것도 바로 이런 이유에서였다.

그러나, 잘 살펴보면 프랭클린의 위대함은 계획을 잘 세운 것이 아니라, 그 계획대로 잘 움직였던 것에 있었다. 사실, 시험 공부를 할 때만 봐도 그렇다. 계획 자체는 빈틈없이 완벽하지만, 그 계획을 제대로 실천하지 못해 좌절했던 순간이 얼마나 많던가.

나 역시 아침잠이 많은 편이라 일상을 계획대로 끌어가는 데 고충이 많다. 그래서 내게 해야 할 일이 있다는 사실을 상기시켜 주는 '도우미', 즉 '알람'을 적극 활용한다.

매일 밤, 다음 날의 기상 시간 알람을 맞추어 놓는 것이 내게는 중요한 일과 중 하나다. 글을 쓰거나 연구 논문을 읽다가도 어느새 음악에 빠지거나 영화를 보는 등 딴짓을 할 때가 종종 있는데, 이때 중요한 데드라인이 정해진 일을 하던 중이었다면 미리 딴짓을 그만하고 일로 돌아갈 시간을 안내받기 위해 알람 설정을 해둘 때도 있다. 요즘에는 굳이 다이어리에 시간을 일일이 적어놓지 않아도 스마트폰 일정 관리 앱에 시간과 알람을 설정할 수 있어 활용하기 편하다.

알람은 마치 내 외부에 있는 보조 '초자아'처럼 내가 지금 해야 할 일이 무엇이고, 그 일을 언제까지 해야 하는지 알려주는 역할을 한다. 혹은 시간 맞춰서 할 일 하라고 잔소리를 해주는 훈련소 '조교' 같은 역할을 하기도 한다. 하기 싫은 마음이 들 때도 이 친구가 시키는 대로 일단 움직이기 시작하면 결국 마무리까지 하게 된다. 아무리 나이를 먹어도, 어린 시절 선생님이나 엄마가 채근해야 겨우 움직이던 습관은 몸에 남아 있는 모양이다.

무기력이
무기력해지도록

의도적인 홀로 있음

 없는 기운을 쥐어짜 가며 억지로 루틴을 지켜나가기란 외로운 일이다. 그래서 누군가 이 루틴을 함께하길 바라지만, 그러다 결국 해내지 못하는 경우가 많다. 새벽 운동 1시간을 계획했다고 해보자. 아무리 가족이라도 이 계획에 함께해 달라고 부탁하기란 여간 쉬운 일이 아니다. 사람마다 생리적 시계는 모두 다르게 마련이다. 결국, 나 혼자 해야 하는 일이라고 생각해야 편하다. 아니, 혼자 해야 더 잘되는 일들도 많다.

 내가 좋아하는 라틴어 격언 중에서 'Solitudine Solatium (Solace in solitude)'이라는 말이 있다. 번역하자면, '고독함의 위로' 정도 되는데, 중세 시대 벨기에 지방 추기경이었던 조지 채임벌린George Chamberlain의 삶의 모토였다고 한다. 혼자 있음에 외로워하지 말고, 혼자 있음을 즐기라는 의미다. 혼자 있는 것은 마음과 영혼에 여유 공간을 만들어 창의적인 생각이 떠오를 수 있도록 나를 자유롭게 해준다. 뿐만 아니라, 군중 속에서 느끼는 소외감과 상처를 아물게 해주고 영혼을 풍부하게 해준다. 홀로 있음, 즉 '고독solitude'이라는 말은 '외로움loneliness'과는 다르다. 외로움은 타인과의 연결이 끊어진 결핍 상태를 말하지만, 홀로 있음은 내가 의도적으로 선택한 삶의 방식이기 때문이다. 마치 운동이나 공부를 할 때 스마트폰을 내려놓고, SNS를 들여다보지 않기로 결심하는 것처럼 스스로가 정한 루틴을 지키기 위해 외부의 자극을 끊어내기로 하는 '결심'인 것이다. 선방에 들어앉아 명상에 빠지는 수행자처럼, 홀로 있음에 익숙해지면 오히려 편안함과 높아진 집중력을 느끼게 될 것이다.

무기력이
무기력해지도록

외상 후 성장 이야기

'외상 후 성장Posttraumatic Growth, PTG'이라는 말은 트라우마를 겪은 후, 이로 인해 일상을 유지하지 못하고 무너지고 마는 것이 아니라 오히려 더 긍정적으로 성장하는 것을 말한다. 사건이나 사고를 통해 마음의 충격을 받았지만, 회복력을 통해 '회복recovery'하고 그 사고의 경험을 통해 더 긍정적으로 '변화growth'한다는 말이다.

반대로, 트라우마를 이겨내지 못하고 쓰러지는 것은 '외상 후 스트레스 장애Posttraumatic Stress Disorder, PTSD'이다. '심리적 외상psychological trauma'이란 그로 인해 개인이나 집단의 정신 세계가 변화하고 마음의 안정을 망가뜨리는 사건, 사고를 말한다.[1] 《정신질환의 진단 및 통계편람》에 의하면, 자신이나 타인에게 실제적이거나 위협적인 죽음, 심각한 상해, 또는 신체적 안녕에 위협을 초래하는 사건을 '외상'이라 하고, 이런 사건을 경험하거나 목격한 이후에 개인에게 극심한 공포, 무력감, 고통 등의 증상이 동반되었을 때 이를 '외상 후 스트레스 장애'라고 진단한다. 심한 경우, 그 당시의 충격과 공포를 영화 장면 떠올리듯 반복적인 플래시백으로 재경험하고, 또 그 일이 발생할까 두려워하면서 비슷한 상황과 사람 들을 피하게 된다. 꿈속에서 그 일을 반복적으로 재경험하기도 한다. 오늘 낮에 겪은 부끄러운 일들이 떠오를 때 이불 킥을 하는 현상이 극단적인 일을 겪고 나서 심하게 표현되는 것이라 하겠다. 트라우마는 참전용사들이 할아버지가 되어서도 "그 이후로는 다시 예전처럼 똑같이 살 수는 없었다"라고 이야기하는 것처럼 사건 이후 개인에게 큰 변화를 주고, 사회 적응에 어려움을 주게 된다. 한마디로, 트라우마는 흉터로 남을 정도의 '큰 상처'인 것이다.

주로 쓰나미, 홍수 같은 천재지변이나 건물 붕괴, 전쟁, 산업재해 또는 폭력의 희생자들이 트라우마에 시달리는 경우가 많다. 하지만 그 트라우마의 후유증은 개인에 따라 다양한 모습으로 나타나므로, 사건·사고 자체가 트라우마 여부를 결정하는 것이 아니라 개인이 어떤 후유증을 겪느냐가 더 중요한 포인트가 된다. 또한 트라우마 이후 어떻게 회복하는가 여부도 개인의 체력적·성격적·

유전적 특성과 더불어 환경적·사회-정치적 지지 체계에 따라 다양하며, 이는 개인뿐 아니라 사회 전체 차원에서도 마찬가지이다.[2]

아직까지도, 트라우마로 인한 정신 병리에 대한 의학적 접근은 외상 후 스트레스 장애 등의 후유증을 주요 대상으로 다루고 있다. 이것은 전쟁 이후에 나타나는 참전용사들의 재활을 돕기 위해 미국 정부와 보훈 병원 등에서 적극적인 연구 지원을 하는 것과도 연관된다.

같은 스트레스를 겪었더라도 사람에 따라 반응은 다양하다. 팀장에게 업무 실수로 질책받은 누군가는 그만 억울함과 우울감에 다음 날 무단결근을 하지만, 비슷한 일을 겪은 다른 누군가는 그냥 하루 푹 자고 나서 훌훌 털고 잘 출근한다. 큰 전쟁의 비극을 목격한 후에 외상에서 벗어나지 못하여 약물과 술에 의존하는 사람도 있지만, 오히려 더 적극적이고 성숙한 모습으로 정치·종교·경제 영역에서 사회의 리더로 거듭나는 사람도 있다.

적절한 수준의 스트레스는 오히려 사람을 강하게 만들기도 한다. 철학자 니체의 말처럼 "나를 죽이지 못하는 것은, 나를 더 강하게 만드는" 것이다.[3] 이것은 마치 산길을 같이 걷다가 어떤 사람은 큰 돌부리에 걸려서 굴러 떨어지지만, 다른 사람은 그 돌부리를 발판으로 더 높은 곳으로 올라가는 것과 같다.

이렇듯 심리적 트라우마는 이것을 이겨내는 과정에서 내 성격과 삶을 재구성하게 만든다. 칼훈Lawrence G. Calhoun 교수는 외상 이후 개인의 긍정적인 변화를 '외상 후 성장'이라 명명하였고, 외상후 성장이란 외상 사건으로 인한 감정과 고통에 대해 투쟁하고 이를 극복하면서 긍정적인 심리 변화를 주관적으로 경험하는 것이라고 했다.[4] 여기서 '성장'이란 외상 이전의 수준을 넘어서는 긍정적이고 새로운 경지를 의미한다. 단순히 트라우마 이전으로 돌아가는 것에 그치지 않고, 이전의 적응 수준, 심리적 기능을 넘어서는 내면의 변화까지 포함하는 것이다. 자신과 타인을 바라보는 시각이 달라지고, 삶의 철학이 달라지고, 영성적인 변화까지 일어나는 것이다. 외상 후 성장에 대한 심리학적 이론은 다양하다. 그 이론들을 종합해서 말하자면 외상을 겪고 나서 그 충격과 후유증을 이겨내기 위한 노력의 결과로서 긍정적인 심리 변화가 일어나지만, 그 마음의 상처를 이겨내고 털어내기 위해 스스로에게 다짐하고 긍정적인 마음을 가지려고 자기 최면을 거는 측면도 있다는 것이다.

외상 후 성장의 생물학[5]

부신피질자극호르몬방출호르몬Corticotrophin Releasing Hormone, CRH

무기력이
무기력해지도록

은 공포 반응을 담당하는 편도체와 해마 등 뇌 전반에 분포하는데, 이 호르몬의 활성이 증가하면 외상 이후의 두려움과 공포 행동이 증가한다. 따라서, CRH와 CRH 수용체를 효과적으로 조절하는 능력이 외상 후 성장과 회복에 중요할 것으로 보인다. 이와 관련해 현재 다양한 약물의 적용이 시도되고 있다.

부신성 남성 호르몬의 일종인 디하이드로에피안드로스테론De-hydroepiandrosterone, DHEA은 심리적 외상에 반응하여 코르티솔의 합성 및 분비를 증가시킨다. 코르티솔은 신체 내 에너지를 동원하고 각성 및 주의력을 증가시키며, 두려움을 기억하게 만들고, 부정적인 감정을 학습하게 만든다. 따라서, 코르티솔이 과도하면 외상 후 성장이 저해된다.

혈액 속 DHEA의 농도가 낮으면 우울 증상이 더 심해진다는 결과가 있으며, DHEA 투여는 항우울 효과를 나타낸다는 등의 연구 결과도 있다. 이는 DHEA가 외상 이후의 회복과 성장에 관련될 수 있는 가능성을 보여주는 것이다. 우리가 일상에서 복용하는 오메가-3는 DHEA를 함유하고 있는 것이 많다.

트라우마는 편도체와 해마, 전전두엽 부위에서 노르에피네프린Norepinephrine, NE 분비를 증가시킨다. 그 때문에 긴장감과 주의력이 증가하고, 고통스러운 일들을 잘 기억할 수 있게 만들어준다. 명상과 마음 고르기는 NE의 과도한 분비를 줄어들게 해 고통스러운 외상에서 벗어날 수 있게 해준다.

스트레스로 인해 감정과 의욕을 다스리는 뇌 속 깊은 부위에서 도파민의 분비가 저하되면 외상 후의 우울 증상과 무기력감이 증가한다. 하지만, 전두엽의 도파민이 너무 떨어지면 공포 반응이 사라지지 않고 아픈 기억이 계속 간직될 수 있다. 뭐든 적절해야 하는 것이다. 세로토닌은 외상으로 인한 불안과 우울 증상을 조절하는 역할을 한다.

뇌 신경성장인자Brain-Derived Neurotrophic Factor, BDNF는 대뇌에서 높은 수치로 발현되는 중요한 신경 성장인자로서 해마의 기능을 도와주는데, 트라우마는 BDNF의 발현을 떨어뜨려서 심리적 외상으로 인한 신경계의 원활한 대응을 하지 못하게 만드는 것이다.

외상 후 성장을 이룬 사람들의 특징[6]

트라우마로 인한 마음의 상처에서 벗어난 사람들의 경우, 그 흉터는 그대로 간직하지만, 그 아픔에 주저앉아 있지는 않는다. 그 대신 자신이 가졌던 인생의 가치 체계와 삶의 우선 순위를 재점검한다. 내 삶에서 일어나는 작은 일들의 중요성을 깨닫고 일상에 감사하는 태도를 가지게 된다. 타인을 이용하거나 타인에 대한 섭섭

무기력이
무기력해지도록

함에 빠져 있기보다 본인의 삶에 충실하면서 영적·실존적으로 풍부한 삶을 살아간다. 오랜 친구들이 보기에도 마치 깨달음을 얻은 사람처럼 느껴진다. 성숙한 인간의 표정과 태도를 볼 수 있어서다.

트라우마를 얼마나 극복하느냐는 외상이 어떤 것이었고 얼마나 심한 것이었느냐에 따라 다르며, 외상 후 성장은 소아나 노인보다는 성인에게서 더 자주 이루어진다. 또, 경제적 상황이 어느 정도 보전될 경우, 종교가 있는 경우, 교육 수준이 높은 경우 외상을 극복하는 것이 더 쉽다고 한다.

깊은 마음의 상처를 입고 쓰러진 사람들의 성장을 돕기 위해서는 우선 가족, 동료나 사회 구성원 들의 지지와 상담이 필요하다. 경제적·심리적 지원을 포함한 지역 사회의 지지 체계가 동원되어야 한다. 그럼으로써 결국은 '본인 자신'으로 하여금 스스로 마음속을 들여다보고 심리적인 성찰과 성장에 집중할 수 있도록 도와야 하는 것이다.

외상 후 성장을 한 사람들은 몇 가지 두드러진 특징을 지닌다.

○ **기존 인간관계를 재편한다**

그동안 무조건 모두와 잘 지내려고 했던 것에서 벗어나 가까이 지내도 좋은 사람과 그저 적절한 거리를 두고 지내야 하는 사람을 구분할 수 있게 된다. 그저 모든 사람과 무조건 잘 지내는 것이 능

사는 아니라는 사실도 알게 된다.

○ **수시로 감사하면서 일상에 상처 입지 않고 사는 방탄복을 두르게 된다**

타인에게뿐 아니라 자기 자신에게 벌어지는 모든 일들에 대해서 언제나 감사하는 마음을 지니게 된다.

○ **자아 강도가 높아진다**

그동안 자신이 해온 일들과 앞으로 할 수 있는 일들에 대해 자부심과 자신감을 가지게 된다. 쉽게 무너지지 않는 탄탄한 자아를 가지게 되는 것이다.

○ **이 세상의 불합리함을 받아들인다**

삶이라는 건 그저 내 할 일을 하면서 할 수 있는 만큼의 성취를 하며 살아가는 것임을 인정한다. 타인에 대한 기대도 그만큼 줄어들기 때문에 이전에 비해 훨씬 덜 상처 입는 삶을 살아갈 수 있다.

외상 후 성장이란 외상의 여파로 인해 개인이 경험하는 긍정적 변화이며, 장기적으로는 개인의 내적 변화를 통해 상처 입고 변화된 상태에 적응하고 살아가는 것이다. 이 과정은 마치 도를 닦는 것과 비슷한 마음의 수련을 필요로 한다.

무기력이
무기력해지도록

긍정심리학의 창시자 마틴 셀리그먼은 누구나 위기가 닥치면 자기 눈앞의 것만 바라보며 지금 상황에서 헤어나올 수 없다고 느끼지만, 이를 이겨내기 위해서는 상황을 객관적으로 바라봐야 한다고 말한다.

"당신이 절망에 빠져 있는 이들을 바라보며 그들을 위로할 때를 생각해 보라. 놀랍도록 긍정적으로 이야기하고 있는 자신을 발견할 수 있을 것이다. 자신에 대해서도 때로는 관찰자 시선으로, 즉 객관적으로 자기 상황을 보는 법을 트레이닝해야 한다."[7]

기본으로
돌아가라는 신호

이제 마무리할 시간이다. 이 한 권으로 무기력에 관한 통합적인 이해를 가능하게 하고 가장 효과적인 자신만의 해법을 찾도록 돕고자 했는데, 어떻게 보셨는지 모르겠다.

책을 다 읽었어도 막상 배운 내용을 일상에서 실천하려 하면 막막할 것이다. 그러나 나는 당신이 이 책을 읽고 '아, 무기력이란 이런 거였구나' '내가 이런 것 때문에 무기력했구나' 하고 무릎을 치는 데서 그치길 바라지 않는다. 이 책이 여러분을 무기력에서 건져줄 튼튼한 밧줄로 쓰이길 바란다.

그런 의미에서, 지금까지 이야기한 내용 가운데 한 번 더 강조

하고 싶은 지침을 정리해 보았다. 중요한 내용은 반복적으로 읽어야 머릿속에 각인되는 법이니까.

○ 몸 컨디션을 점검하라

가장 먼저, 지친 내 몸 상태를 확인해야 한다. 고혈압, 당뇨, 갑상선 등의 문제는 없는가? 불규칙한 수면, 과로, 지나친 스트레스, 과도한 음주 등 생활습관의 문제는 없는가? 정기 검진은 제때 받고 있는가?

스스로 건강을 잘 챙기기 어렵다고 느낀다면, 동네에 단골 병원을 하나 만들어놓자. 내과, 가정의학과 원장을 하는 친구들의 이야기를 들어보면 소아·청소년 시절부터 성인이 된 이후까지 건강 체크를 하러 오는 사람이 많은데, 이럴 경우 환자의 질병 이력을 자세히 알고 있어서 더 정확하게 진단할 수 있는 경우가 많다고 한다. 인터넷에 의존해 이런저런 건강 식품이나 검증되지 않은 치료법을 찾아다니는 것은 오히려 피로감을 증가시키고, 몸 상태를 더 망쳐놓을 수 있다. 특히, 우리나라 의료비는 웬만한 건강 식품이나 보조 기구보다 훨씬 싸다.

스트레칭이나 운동이 필요하다면 가벼운 걷기부터 하는 게 좋은데, 엄두가 잘 나지 않으면 인근 체육관에서 전문적 조언과 개인 훈련을 받으며 시작하는 것도 좋다. 체력이 부족하면 도통 할 수 있는 일이 적어진다. 견뎌낼 수 있는 스트레스의 수준(역치)도 낮아진다. 갓난아기를 돌보는 워킹맘이 무기력해지고 화가 잘 나는 가장 큰 이유는 '몸이 힘들기' 때문임을 잊지 말자.

○ 마음 컨디션을 점검하라

'메타 인지meta-cognition'라는 말은 나의 지적 수준과 수행 능력, 내 감정 상태를 한 발짝 떨어져서 관찰하듯 조감하고 다스리는 능력을 말한다. 이 메타 인지가 건강하게 작동해야 내가 이 일을 잘하고 있는지, 혹시 우울한 건 아닌지, 번아웃은 아닌지 스스로 파악할 수 있다.[1]

도 닦는 스님처럼 매일 마음을 들여다보는 사람은 많지 않다. 그러나 결국 내 마음을 다스려야 하는 사람은 나 자신이다. 옆에 있는 종교인과 상담가, 의사 들은 마음 다스림을 돕는 헬퍼 또는 마음 수리공 역할을 할 뿐이다. 지나치게 믿고 내가 할 일까지 해주길 기대하는 것은 또 다른 형태의 의존이다.

책과 인터넷에서 번아웃과 우울증, 울분의 수준을 측정하는 다양한 도구들을 찾아 한번 해보라. 만약 의심되는 상태가 있다면 상담가나 정신건강 클리닉을 찾아가 보는 것도 좋다. 그건 마치 자동차에 이상 증상이 있을 때 가까운 정비소를 찾아가는 것과 다르지 않다. '나도 모르는 내 마음'을 정리할 수 있게 도와줄 것이다.

무기력이
무기력해지도록

○ 삶의 대의명분을 점검하라

"이 일을 왜 하는지, 내가 무슨 일을 하고 있는지 모르겠다."

무기력에 늘어진 친구들이 자주 하는 말이다. 목적지가 없으니 어디로 가야 할지 모르고, 하는 일이 다 의미 없고, 재미없는 것이다. 며칠이 걸리더라도 내가 무엇을 하고 싶은지 생각하고, 어떻게 할지 '결심'하는 시간을 마련해야 한다. 그것이 내가 살아가는 이유이자 목적이 될 것이다.

목적이란 돈·명예에 국한되는 것이 아니다. 나의 성취를 통해 나와 내 가족, 이웃에게는 어떤 도움을 줄 수 있을지 생각해 보라. 회사 경영을 하려고 하는 사람은 그것을 통해 본인의 경제적 욕구도 충족하겠지만, 동시에 사회적 수준의 부를 더 높여 이웃의 행복 수준도 높일 수 있다. 국회의원이나 대통령이 되겠다는 사람은 국가적 차원의 부와 사회적 안전, 건강, 복지 수준을 높이겠다는 대의명분을 마음에 품고서 나랏일을 해야 한다. 개인적 명예와 권위는 그에 따르는 부차적인 이익일 뿐이다.

○ 점검하고 수정하라

시험 공부를 할 때는 계획을 세우고 과목별로 꾸준히 공부하는 한편, 중간중간 문제를 풀면서 내가 제대로 공부했는지, 잘못 알고 있는 부분은 없는지를 확인하며 궤도 수정을 해나가야 한다. 중간

점검이 없으면 목적지의 반대 방향으로 열심히 달려가는 '부지런한 바보'가 될 수 있다. 열심히는 하는데 영 신통치 않은 결과를 얻는 것이다. 우리 인생에는 진도 점검과 계획 수정을 도와주는 학원이 없다. 하지만 비슷한 일을 먼저 해냈던 사람을 멘토로 삼아 그의 이야기를 듣고, 도움을 구할 수는 있다.

○ 반드시 기초 체력을 키워라

오래전 TV에서 마케팅을 공부하는 학생들의 모습을 다룬 프로그램을 본 적이 있다. 한 남학생이 "외국인 친구들과 칵테일을 들고 대화를 나누면서 자연스럽게 오더를 따내는" 자신의 모습을 상상한다고 말하는 장면이었다. 그때 떠오른 생각은 "그러기 위해서 지금 해야 할 일은?"이라는 질문이었다.

모든 일에는 기본적으로 알아야 하고 익숙해져야 하는 일이 있다. 외국인과 칵테일을 마시며 오더를 따기 위해서는 외국어와 무역 실무를 알아야 하고, 인간관계 능력도 좋아야 한다. 무엇보다, 적절한 자격으로 그 회사에 들어가는 것부터 해내야 한다. 원하는 것을 이루려면 우선적으로 해야 할 일이 있다는 것이다.

학창 시절 배우는 국어, 수학, 과학은 내가 원하는 일과 크게 상관이 없어 재미도 없고 할 이유도 없다는 친구들이 꽤 있다. 그런데, 사실 그런 기본 과목들은 과학자나 의사, 법률가가 되기 위해

무기력이
무기력해지도록

배우는 것이 아니다. 어떤 일을 하며 살건, 세상을 이해하고 사람들과 어울려 사는 데 필요한 기본적인 지적 능력, 사회생활을 위한 기초 체력을 키우기 위해 배우는 것이다. 야구 선수가 체력 향상을 위해 달리기를 열심히 하는 것처럼 향후 인생에서 맞닥뜨릴 문제들을 해결해 나가는 학습 습관(공부하는 방법)과 마음의 근력을 훈련하는 과정이라고 할 수 있다.

문제 푸는 방법을 아는데 왜 비슷한 수학 문제를 풀어야 하느냐고 질문하는 학생들도 있는데, 그것은 반복 연습을 통해 기본기를 '숙달'하기 위해서이다. 이렇게 한 가지에 익숙해진 사람은 다른 일(공부)에도 쉽게 적용할 수 있는 노하우를 갖게 된다.

게으른 사람은 수학 기초도 떼지 못한 상태에서 우주선 엔진을 설계하지 못하고 있는 자신을 책망하고 세상을 원망한다. 지금 어떤 일을 시작하려 한다면 그 일을 하기 위해 필요한 재료와 기술, 필요한 시간, 즉 기본이 무엇인지를 확인하는 것부터 시작해야 한다. 당신에게 필요한 것은 타고난 능력이나 순발력이 아니다. 기본에 충실한 성실함이 당신의 브랜드가 될 것이다.

◦ 인간관계는 힘이다

무기력한 순간에도 나를 지지해 주는 지인과 동료 들이 있다면 생각보다 빨리 회복될 수 있다. 이를 위해서는 평소 관계를 잘 쌓는 것도 중요하다. 특히, 주변 사람을 존중하고 늘 배울 점을 찾는 다면 동료들도 당신을 존중할 것이다. 그들을 존중한다고 스스로에게 다짐하는 게 필요할 수도 있다. 나 역시 매일 클리닉을 시작하며 오늘 만나는 분들의 이야기를 잘 듣겠다고 결심하고는 그분 쪽으로 몸을 살짝 기울여 경청하려고 노력한다. 당신이 지금 회사에 있다면 상사나 부하직원을 클라이언트(손님)라고 생각하는 것도 좋겠다. 또, 먼저 연락하는 것을 두려워하지 마라. 말 건네기가 쑥스럽다면 작은 SNS 인사도 좋다. 내가 먼저 나 자신을 낮춰야 한다. 사람들은 성실하면서도 겸손한 사람을 좋아한다.

○ 작은 일에도 최선을 다하라

호랑이는 토끼 한 마리를 잡을 때도 혼신의 힘을 다한다. 작은 일에 소홀한 사람이 큰일에 더 성실히 임하기는 힘들다. 무엇보다 지금 하는 모든 일(공부)이 내가 결정해서 하기로 결심한 것이라면 노예처럼 살지 말아야 한다. 누가 시킬 때를 기다리는 것이 아니다. 하기 싫으면 하지 않아도 좋다. 그러나 그 책임은 본인의 몫임을 기억해야 한다.

○ 현실에 기반한 계획을 세워라

실현 가능한 목표를 세워야 한다. 흔히 실현 가능한 것을 생각하

무기력이
무기력해지도록

는 것은 '계획'이고, 실현은 어렵지만 해야 한다고 생각하는 것은 '꿈'이라고들 한다. 꿈만 꾸는 것은 게으른 자의 몽상일 뿐이다. 작은 계획들을 하나씩 실천해 나가야 미래의 꿈도 현실이 될 것이다.

○ 남 탓은 그만하라

누군가에게 큰 기대를 하지 마라. 지금 나의 무기력은 주변 사람과 외부 환경이 원인을 제공해 발생한 것일 수도 있지만, 주변을 탓하고 있다 보면 할 수 있는 일은 아무것도 없다. 내가 다스릴 수 있는 건 나밖에 없다. 또 사람들은 잘되어가는 일을 지지하고 그것에 편승하려 하게 마련이다. 내가 꾸준히 내 일을 하고 있으면 나를 응원해 주고, 도와주는 사람이 점점 더 많아질 것이다.

끝으로, 잘 해내지 못할까 봐, 완벽하게 못 할까 봐 불안해하거나 초조해하지 말라는 당부를 꼭 하고 싶다. 타인과 자신을 비교할 필요도 없다. 내가 정한 오늘 일을 하는 것이면 충분하다. 그러다 위기가 닥치면 잘 먹고, 운동하면서 생산적인 휴식으로 들어가라. 그렇게, 내가 정한 하루의 삶을 계속하는 것이다.

잊지 말자. 무기력은 이런 기본적인 생활로, 평범하지만 소중한 매일의 삶으로 돌아가야 한다는 경고인 것이다.

프롤로그

1. https://www.yna.co.kr/view/AKR20201026122600530?input=1195m
2. http://news.unn.net/news/articleView.html?idxno=505289
3. https://view.asiae.co.kr/article/2021021916140732013

들어가기 전에

1. 이정현 등, "대학교 재학생에서 Fatigue Severity Scale의 신뢰도 및 타당도 연구", 〈대한생물정신의학회지〉, 2013; 20:6-11
2. 정규인·송찬희, "피로와 우울 불안증 환자에서 Fatigue Severity Scale의 임상적 유용성", 〈정신 신체 의학〉, 2001; 9(2):164-173
3. Doherty AS. et al., "Measuring burnout in social work: Factorial validity of the Maslach Burnout Inventory—Human Services Survey", *European Journal of Psychological Assessment*, 2021; 37(1): 6–14
4. Shin H. et al., "Cultural validation of the Maslach Burnout Inventory for Korean students", *Asia Pacific Educ. Rev.*, 2011; 12:633–639
5. 한창수 등, "Validation of the Patient Health Questionnaire-9(PHQ-9) Korean version in the elderly population: the AGE study", *Comprehensive Psychiatry*, 2008; 49:218-223
    윤서영·한창수 등, "Usefulness of PHQ-9 among medical students", *Academic Psychiatry*, 2014; 38(6):661-7
    이승현·한창수 등, "Optimal Cut Off Points of the PHQ-9", *J of Kor Soc for Dep*

and Bip Disorders, 2014; 12:32-36

1장 | 무기력은 감정이다

1. 차경호 등, "한국 성인의 자존감 구성 요인 탐색 및 척도 개발", 〈한국심리학회지: 일반〉, 2006; 25(1):105-139

2. 안신호·박미영, "자존감 결정요인: 영역별 능력과 자기수용의 영향", 〈한국심리학회지: 일반〉, 2005; 24(1):109-140

3. White K, et al., "Change in self-esteem, self-efficacy and the mood dimensions of depression as potential mediators of the physical activity and depression relationship: Exploring the temporal relation of change", *Mental Health and Physical Activity*, 2009; 2(1):44-52

4. Rahim MA.·Magner NR., "Confirmatory Factor Analysis of the Bases of Leader Power: First-Order Factor Model and Its Invariance Across Groups", *Multivariate Behavioral Research*, 1996; 31(4):495-516

5. 하주영·전소영, "치매 간호 실무에서 공감 피로 개념 분석", 〈노인간호학회지〉, 2015; 17(1): 48-55

6. Hochschild AR., *The Managed Heart: the commercialization of human feeling*, Berkeley, 1983; University of California Press

7. Hamacher D. et al., "Brain activity during walking: A systematic review", *Neuroscience & Biobehavioral Reviews*, 2015; 57:310-327

8. Hughes ME.·Waite LJ.·Hawkley LC.·Cacioppo JT., "A short scale for measuring loneliness in large surveys: results from two population-based studies", *Res Aging*, 2004; 26: 655–72

9. 진은주·황석현, "한국판 UCLA 외로움 척도 3판의 타당화", 〈청소년학연구〉, 2019; 6(10):53-80

10. https://www.asiae.co.kr/article/2019120613064829122

11. Cacioppo JT.·Cacioppo S., "The growing problem of loneliness", *Lancet*, 2018; 391(10119):426

12. https://hbr.org/cover-story/2017/09/work-and-the-loneliness-epidemic.

13. Cacioppo JT. et al., "Loneliness and Health: Potential Mechanisms", *Psychosomatic*

Medicine, 2002; 64:407-417

14. J. Holt-Lunstad·T. B. Smith·M. Baker·T. Harris·D. Stephenson, "Loneliness and Social Isolation as Risk Factors for Mortality: A Meta-Analytic Review", *Perspectives on Psychological Science*, 2015; 10 (2): 227

15. Hacket RA. et al., "Loneliness and stress-related inflammatory and neuroendocrine responses in older men and women", *Psychoneuroendocrinology* 2012; 37:1801-1809

16. 김상균,《메타버스》, 플랜비디자인, 2020

17. Morahan-Martin J.·Schumacher P., "Loneliness and social uses of the internet", *Computers in Human Behavior* 2003; 19:659-671

18. 이유섭, "사랑과 고통의 정신분석 소고", 〈현대정신분석〉, 2009; 11(1):7-24

19. 서영석 등, "한국인이 경험한 외상사건: 종류 및 발생률", 〈한국심리학회지: 상담 및 심리치료〉, 2012; 24(3):671-701

2장 | 무기력은 정신이다

1. 마이클 샌델 저, 함규진 역,《공정하다는 착각》, 와이즈베리, 2020

2. A. J. 크로닌 저, 이윤기 역,《천국의 열쇠》, 섬앤섬, 2014

3. 한창수,《무조건 당신 편》, 알에이치코리아, 2020

4. J. Burgdorf, et al., "The long-lasting antidepressant effects of rapastinel (GLYX-13) are associated with a metaplasticity process in the medial prefrontal cortex and hippocampus", *Neuroscience*, 2015; 308(12):202-211

5. 잭 런던 저, 이영재 역,《야성의 절규》《소년소녀세계문학 31), 금성출판사, 1986

6. Seligman, M. E. P., "Learned helplessness", *Annual Review of Medicine*, 1972; 23(1):407-412

7. 엄태완, "저소득층의 우울증에 대한 무망감과 사회적 문제해결능력의 영향", 〈한국사회복지학〉, 2006; 58(1):59-85

8. Irving B·Weiner d W·Edward Craighead, "Learned helplessness", *The Corsini Encyclopedia of Psychology*, 2009, John Wiley & Sons, Inc.

9. https://youtu.be/Yop62wQH498

10. Balestri M. · Calati R. · Serretti A. · De Ronchi D., "Genetic modulation of

무기력이
무기력해지도록

personality traits", *International Clinical Psychopharmacology*, 2014; 29(1):1-15

11. https://doi.org/10.1515/9781501752537-004

12. Burgess L. · Irvine F. · Wallymahmed A., "Personality, stress and coping in intensive care nurses: a descriptive exploratory study", *Nursing in Critical Care*, 2010; 15(3):129-140

13. 장하원·이수범, "호텔 종사원의 BIG 5 성격 유형이 직무 적합성, 스트레스, 감정 소진 및 직무 만족에 미치는 영향", 〈관광연구저널〉, 2019; 33(3):39-4

14. 문요한, 《굿바이 게으름》, 더난출판사, 2009

15. https://youtu.be/JUPBCAKl6io

16. APA 저, 권준수·김재진·남궁기·박원명 등역, 《정신질환의 진단 및 통계 편람 5판》, 학지사, 2015

17. 신철민·한창수 등, "Prevalence and associated factors of depression in general population of Korea: results from the Korea national health and nutrition examination survey 2014," *J Korean Med Sci*, 2017; 32:1861-1869

18. 윤서영·신철민·한창수, "Depression and cognitive function in mild cognitive impairment: a 1-year follow-up study", *J Geriatr Psychiatry Neurol*, 2017; 30(5):280-288

19. 한창수·왕성민·박원명·이수정·Patkar AA. · Masand PS. · Mandelli L. · 배치운 · Serretti A., "A Pharmacogenomic-based antidepressant treatment for patients with major depressive disorder: results from an 8-week, randomized, single-blinded clinical trial", *Clin Psychopharmacol Neurosci*, 2018; 30; 16(4):469-480

3장 | 무기력은 몸이다

1. http://www.medicaltimes.com/Users/News/NewsView.html?mode=view&ID=1135929&REFERER=NP

2. 정연 등, "과로로 인한 한국 사회 질병 부담과 대응 방안 연구보고서 2018-05", 〈한국보건사회연구원〉, 2018

3. 이지원, "과로 재해의 인정 기준에 관한 문제점과 개선 방향", 〈법학논총〉, 2017; 34(3): 217-23

4. 신승환·윤찬수, "신입 공군사관생도의 체력, 성적, 투지grit에 관한 연구", 〈한국체육과학회지〉, 2019; 28(1):873-888

5. 앤절라 더크워스 저, 김미정 역, 《그릿》, 비즈니스북스, 2019

6. 한규만 등, "Relationships between hand-grip strength, socioeconomic status, and T depressive symptoms in community-dwelling older adults", *Journal of Affective Disorders*, 2019; 252:263-270

7. Chung N. et al., "Non-exercise activity thermogenesis(NEAT): a component of total daily energy expenditure", *J Exerc Nutrition Biochem*, 2018; 22(2):23-30

8. Horswill CA, et al., "Effect of a novel workstation deviceon promoting non-exercise activity thermogenesis(NEAT)", *Work*, 2017; 58:447-454

9. Kalra S.·Sahay R., "Diabetes Fatigue Syndrome", *Diabetes Therapy*, 2018; 9:1421-1429

10. Libianto R.·Yang J., "Fuller PJ. Adrenal disease: an update", *Australian Journal of General Practice*, 2021; 50(1-2):9-14

11. Cadegiani FA.·Kater CE., "Adrenal fatigue does not exist: a systematic review", *BMC Endocrine Disorders*, 2016; 16:48

12. 김대건·강석민, "테크노 스트레스가 반생산성에 미치는 영향", 〈경영과 정보 연구〉, 2020; 39(2)

더 읽어보기_ 몸―마음―정신의 연결고리

1. Dimsdale JE.·Levenson J., "What's next for somatic symptom disorder?", *Am J Psychiatry*, 2013; 170:1393-5

2. Husain M.·Chalder T., "Medically unexplained symptoms: assessment and management", *Clin Med*(Lond), 2021; 21(1):13-18

3. 한창수·배치운, "Pain and depression: a neurobiological perspective of their relationship", *Psychiatry Investigation*, 2015; 12(1):1-8

4. 한국정신신체의학회, 《정신 신체 의학》, 집문당, 2012

무기력이
무기력해지도록

1. 프란츠 카프카 저, 장혜순 등역, 《카프카의 일기》, 솔, 2017
2. 강원국, 《강원국의 글쓰기》, 메디치미디어, 2018
3. https://play.google.com/store/apps/details?id=healthcare.demand.h2o. hybrid&hl=ko 또는 https://apps.apple.com/kr/app/in-mind/id1158489828
4. Schlüter C. et al., "The structural and functional signature of action control", *Psychological Science*, 2018; 29(10):1620–1630
5. 앨릭스 코브 저, 정지인 역, 《우울할 땐 뇌과학》, 심심, 2018
6. 이봉희, 〈내 안의 시인을 깨우는 문학 치료〉, 어문학, 2010; 110:31-60
7. Wolfgang Amadeus Mozart, Serenade No. 13 in G Major, K.525. I. Allegro. "Eine Kleine Nachtmusik"
8. Wolfgang Amadeus Mozart, Sonata for two pianos in D major, K448
9. Pietschnig J. · Voracek M. · Formann AK., "Mozart effect–Shmozart effect: a meta-analysis", *Intelligence*, 2010; 38(3):314-323
10. Chan M. F. · Wong Z. Y. · Thayala N. V., "The effectiveness of music listening in reducing depressive symptoms in adults: A systematic review", *Complementary Therapies in Medicine*, 2011; 19(6):332-348
11. 채민, "재활음악치료 프로그램이 학교부적응 초등학생의 우울에 미치는 효과", 〈한국재활음악치료학회지〉, 2013; 1(1):29-45
12. 장성금, "가족 사별의 상실감 극복을 위한 미술 치료 사례 연구에서 드러난 애도 단계", 〈한국기독교상담학회지〉, 2010; 20:227-264
13. 김선영 · 이모영, "공예 활동 중심 집단 미술 치료가 독거 노인의 우울 및 삶의 만족도에 미치는 영향", 〈예술과 인간〉, 2016; 2(2):25-43
14. 임국희 · 윤혜영, "미술 치료가 노인의 우울 완화에 미치는 효과 분석", 〈한국재활음악치료학회지〉, 2013; 1(2):25-41
15. Bandura A., "Self-efficacy In V. S. Ramachaudran" (Ed.), *Encyclopedia of human behavior*(Vol. 4, pp. 71-81), New York: Academic Press(Reprinted in H. Friedman [Ed.], *Encyclopedia of mental health*, San Diego: Academic Press, 1998
16. 유지영 · 김춘경, "자기효능감과 자아탄력성이 초등학생의 학습된 무기력에 미치는 영향", 〈정서행동장애연구〉, 2014; 30(1):83-1020.

17. 이숙정, "대학생의 학습 몰입과 자기효능감이 대학 생활 적응과 학업 성취에 미치는 영향", 〈교육심리연구〉, 2011; 25(2):235-253

18. 김의철 등, "건강과 삶의 질에 영향을 주는 요인에 대한 분석: 자기효능감, 사회적 지원 및 질병관리를 중심으로, 〈한국심리학회지: 사회 문제〉, 2005; 11(2):143-181

19. Bandura A., "Self-efficacy: Toward a unifying theory of behavioral change", *Psychological Review*, 1977; 84(2):191–215

5장 | 집 나간 활력 불러들이기

1. Hayashi M. et al., "Recuperative power of a short daytime nap with or without stage 2 sleep", *Sleep*, 2005; 28(7):829–836

2. 강영미·구창덕·신원섭, "숲 체험이 장애아동 부모의 기분과 양육스트레스에 미치는 영향", 〈한국산림휴양학회지〉, 2018; 22(2):65-70

3. Chen HM. et al., "Randomised controlled trial on the effectiveness of home-based walking exercise on anxiety, depression and cancer-related symptoms in patients with lung cancer", *British Journal of Cancer*, 2015; 112:438–445

4. Bang KS. et al., "The Effects of a campus forest-walking program on undergraduate and graduate students' physical and psychological health", Int. J. Environ. Res., *Public Health* 2017; 14(7):728

5. Soga M. et al., "Gardening is beneficial for health: a meta-analysis", *Preventive Medicine Reports*, 2017; 5:92-99

6. 박세윤·윤대현, "청소년의 유산소 운동이 스트룹 과제 수행에 미치는 효과", 〈한국스포츠심리학회지〉, 2017; 28(4):17-26

7. 김현욱·신철민·한규만·한창수, "Effect of physical activity on suicidal ideation differs by gender and activity level", *Journal of Affective Disorders 257*, 2019; 116–122

8. 김정우, "강도별 저항운동 시기에 따른 혈중 염증지표 혈압과 레닌-알도스테론계의 변화", 〈한국체육과학회지〉, 2015; 24(1):997-1010

9. Martina de Witte et al., "Effects of music interventions on stress-related outcomes: a systematic review and two meta-analyses", *Health Psychology Review*, 2020; 14(2):294-324

무기력이
무기력해지도록

10. Jones JF. et al., "Complementary and alternative medical therapy utilization by people with chronic fatiguing illnesses in the United States", *BMC Complement Altern Med*, 2007; 7: 12

11. Bach HV. et al., "Efficacy of ginseng supplements on fatigue and physical performance: a meta-analysis", *J Korean Med Sci*, 2016; 31: 1879-1886

12. Patrick Holford, *New Optimum Nutrition for the Mind*, 2009, Brain Health Publications Inc.

13. 김대호, "항공 안전에 있어서의 조종사 피로 관리 고찰", 〈항공우주의학회지〉, 2013; 23(2):31-38

14. 그리고리 L. 프리키온 등저, 서정아 역, 《스트레스, 과학으로 풀다》, 한솔아카데미, 2017

15. Su K et al., "Omega-3 polyunsaturated fatty acids in prevention of mood and anxiety disorders", *Clinical Psychopharmacology and Neuroscience*, 2015; 13(2): 129-137

16. 양연지 · 제유진, "Fish consumption and depression in Korean adults: the Korea national health and nutrition examination survey 2013-2015", *European Journal of Clinical Nutrition*, 2018; 72(8):1142-1149

17. https://www.gov.im/media/1355781/managing-your-fatigue-in-ms.pdf

18. Häuser W. et al., "Efficacy of different types of aerobic exercise in fibromyalgia syndrome: a systematic review and meta-analysis of randomised controlled trials", *Arthritis Research & Therapy*, 2010; 12:R79

19. Larun L. · Brurberg KG. · Odgaard-Jensen J., "Price JR. Exercise therapy for chronic fatigue syndrome", *Cochrane Database of Systematic Reviews*, 2019; Issue10.Art.No.:CD003200.DOI:10.1002/14651858.CD003200.pub8

20. https://kiha21.or.kr/?mod=document&uid=2384&page_id=120

21. Anne Marie W. et al., "The anti-inflammatory effect of exercise", *J Appl Physiol*, 2005; 98:1154-1162

22. Heesch KC. et al., "Physical activity, walking, and quality of life in women with depressive symptoms", *American Journal of Preventive Medicine*, 2015; 48(3):281-291

23. http://www.gjtnews.com/news/articleView.html?idxno=315953

24. Gordon BR. et al., "Association of efficacy of resistance exercise training with

depressive symptoms, meta-analysis and meta-regression analysis of randomized clinical Trials", *JAMA Psychiatry*, 2018; 75(6):566-576

25. 김남훈 등, "Depression is associated with sarcopenia, not central obesity in elderly Korean men", J Am Geriatr Soc, 2011; 59(11):2062-2068

더 읽어보기_ 회복탄력성에 대하여

1. Mastena AS. · Besta KM. · Garmezya N., "Resilience and development: contributions from the study of children who overcome adversity", *Dev Psychopathol*, 1990; 2:425-444

2. 전상원 · 한창수 등, "외상 후 성장 및 리질리언스 평가와 임상적 의의", 〈대한신경정신의학회지〉, 2015; 54(1):32-39

3. Smith BW. · Dalen J. · Wiggins K. · Tooley E. · Christopher P. · Bernard J., "The brief resilience scale: assessing the ability to bounce back", *Int J Behav Med*, 2008; 15:194-200
   Jeon SW. · Han C., Validation of Korean version of brief resilience scale in submission.

4. Kunzler AM. · Helmreich I. · König J. · Chmitorz A. · Wessa M. · Binder H. · Lieb K., "Psychological interventions to foster resilience in healthcare students", *Cochrane Database of Systematic Reviews* 2020, Issue 7. Art. No.: CD013684. DOI: 10.1002/14651858.CD013684

5. Joyce S. · Shand F. · Bryant RA. · Lal TJ. · Harvey SB., "Mindfulness-based resilience training in the workplace: pilot study of the internet-based resilience @work(Raw) mindfulness program", *J Med Internet Res*, 2018; 20(9):e10326

6장 | 무기력을 내쫓는 마음가짐

1. 애덤 스미스는 그의 책에서 '동감'을 'sympathy'로 기술했지만, 타인의 감정을 이해하고 역지사지로 받아들여야 한다는 의미로 사용되고 있어 현대적으로는 '공감empathy'의 개념에 더 가깝다.

2. 애덤 스미스 저, 김광수 역, 《도덕감정론》, 한길사, 2016

무기력이
무기력해지도록

3. Swann Jr. W. B. · Brooks M., "Why threats trigger compensatory reactions: the need for coherence and quest for self-verification", *Social Cognition*, 2012; 30:758-777

4. Hirschi A. · Jaensch VK., "Narcissism and career success: occupational self-efficacy and career engagement as mediators", *Personality and Individual Differences*, 2015; 77:205-208

5. 나이토 요시히토 저, 최선임 역, 《칭찬 심리학》, 지식여행, 2011

6. J. Yim, "Therapeutic Benefits of Laughter in Mental Health: A Theoretical Review", *Tohoku Journal of Experimental Medicine* , 2016; 239(3):243–49.

7. S. J. Nasr, "No Laughing Matter: Laughter Is Good Psychiatric Medicine," *Current Psychiatry*, 2013; 12(8),20-25.

8. B. K. Lee · T. A. Glass · M. J. McAtee · G. S. Wand · K. Bandeen-Roche · K. I. Bolla · B. S. Schwartz, "Associations of Salivary Cortisol with Cognitive Function in the Baltimore Memory Study", *Archives of General Psychiatry*, 2007; 64(7)810-18

9. Rad M. et al., "The effect of humor therapy on fatigue severity and quality of life in breast cancer patients undergoing external radiation therapy", *J Adv Med Biomed Res*, 2016; 24(103):102-114

10. Priest R. F. · Swain J. E., "Humor and its implications for leadership effectiveness", *Humor: International Journal of Humor Research*, 2002; 15(2):169-189

11. Ulloth JK., "The benefits of humor in nursing education", *Journal of Nursing Education*, 2002; 41(11):476-481

12. A. Ziv, "Teaching and learning with humor: experiment and replication," *Journal of Experimental Education*, 1988; 57(1): 4-15

13. Shibata M. et al., "Time course and localization of brain activity in humor comprehension: An ERP/sLORETA study", *Brain Research*, 2017; 1657:215-222

14. Azim E, et al., Sex Differences in brain activation elicited by humor, *Proceedings of the National Academy of Sciences of the United States of America*, 2005; 102(45):16496-16501

15. Vrticka P. et al., "Humor processing in children: Influence of temperament, Age and IQ", *Neuropsychologia*, 2013; 51:2799–2811

1. 하워드 가드너 저, 문용린 역, 《다중지능》, 웅진지식하우스, 2007

2. 임재형·한창수 등, "Sensitivity of cognitive tests in four cognitive domains in discriminating MDD patients from healthy controls: a meta-analysis", *Int Psychogeriatr*, 2013; 25(9):1543-1557.

3. 윤서영·신철민·한창수, "Depression and cognitive function in mild cognitive impairment: a 1-year follow-up study", *J Geriatr Psychiatry Neurol*, 2017; 30(5):280-288.

4. 남인수, "대학 남자 운동선수의 자기관리가 스포츠 대처 및 정서에 미치는 영향", 〈한국사회체육학회지〉, 2010; 40(1):83-94

5. 황진·궁천·김은숙, "중국 엘리트 수영 선수들의 정서 지능, 지각된 코칭 행동과 탈진의 관계", 〈한국체육과학회지〉, 2013; 22(6):563-576

6. 최유진·오지현, "자기 성찰 지능과 모의 과보호가 초등학생의 우울에 미치는 영향", 〈정서 행동 장애 연구〉, 2017; 33(4):313-331

7. Werner EE., Smith RS., "Report from the kauai longitudinal study", *J Am Acad Child Psychiatry*, 1979; 18(2):292-306

8. Werner EE., "Risk, resilience, and recovery: perspectives from the Kauai longitudinal study", *Development and Psychopathology*, 1993; 5(4):503-515

9. 한규만·한창수 등, "Social capital, socioeconomic status, and depression in community-living elderly", *Journal of Psychiatric Research*, 2018; 98:133-140

10. 박상미, 《나를 믿어주는 한 사람의 힘》, 북스톤, 2016

11. https://m.hankooki.com/m_gh_view.php?WM=gh&WEB_GSNO=10182682

더 읽어보기_ 외상 후 성장 이야기

1. Perrotta G., "psychological trauma: definition, clinical contexts, neural correlations and therapeutic approaches recent discoveries", *Curr Res Psychiatry Brain Disord*, 2019; 1:CRPBD-100006

2. 오혜영, "재난에서의 집단 트라우마와 지역공동체 탄력성", 〈한국심리학회지: 상담 및 심리치료〉, 2016; 28(3), 943-969

3. 수 프리도 저, 박선영 역, 《니체의 삶》, 비잉, 2020

4. Tedeschi RG. · Calhoun LG., "The posttraumatic growth inventory: measuring the positive legacy of trauma", *J Trauma Stress*, 1996; 9:455-471

5. 전상원 · 한창수 등, "외상 후 성장의 개념과 신경생물학", 〈대한정신약물학회지〉, 2015; 26(1):1-9

6. 한창수, 《무조건 당신 편》, 알에이치코리아, 2020

7. https://www.mk.co.kr/news/business/view/2011/07/444700/

에필로그

1. Muijs D., Bokhove C., *Metacognition and Self Regulation: Evidence Review*, London: Education Endowment Foundation, 2020

무기력이
무기력해지도록。

1판 1쇄 발행 2021년 8월 20일
1판 9쇄 발행 2024년 7월 14일

지은이 한창수

발행인 양원석
디자인 강소정, 김미선
영업마케팅 양정길, 윤송, 김지현

펴낸 곳 ㈜알에이치코리아
주소 서울시 금천구 가산디지털2로 53, 20층 (가산동, 한라시그마밸리)
편집문의 02-6443-8826   **도서문의** 02-6443-8800
홈페이지 http://rhk.co.kr
등록 2004년 1월 15일 제2-3726호